苑举正哲学六讲

苑举正 著

中国人民大学出版社
·北京·

献给

我的父亲、母亲

序

在哲学系的基本训练中，普遍都有西方哲学史这门课。西方哲学史对于学哲学而言很重要，不但是基本功，而且包含脉络化和凸显议题这两项对于学习哲学很重要的能力。

西方哲学史是按照历史发展的时间序列所构成，因此在学习哲学史的历程中，可以很容易地从时间发展建构理解的脉络。对于学哲学的人而言，这种脉络感很重要，因为它不但让你有了一个依循的次序，也可以在时间的进程中，理解西方哲学家针对什么样的情况，提出他们所最关心的思想与论证。

因此，在西方哲学史的研读当中，议题的讨论是最重要的。其中，有许多议题的发展深深地决定了西方哲学的走向，甚至定义了哲学。苏格拉底不同于他之前的自然哲学家，把议题从对自然本源的探讨，转向对人性伦理真谛的探讨，并使得西方哲学的发展出现根本变化。

在脉络化与议题化的理解中，我认为苑举正教授的这一系列作品非常值得参考。主要的原因是，他在脉络化西方哲学史的过程中，是以突出重点的方式，选择需要脉络化的地方。至于议题方面，他在书中挑选了我们最关切的真、善、美的题目。这两点，让我对于这一套以议题为主的西方哲学史，产生了极大的亲近感。

我一直觉得，学习哲学要有创新，要能接地气。创新讲的是要能够按照原有的脉络重新建构重要的议题；而接地气的主要目标就是要能够结合思想转变的环境因素、客观条件以及历史机遇，整体说明这些议题。

因此，我愿意向国人推荐苑举正教授所写的这一系列的书籍。举正是我在台湾大学哲学系多年的同事，我们在一起相处愉快。他是做西方哲学研究的，而我从在台大学习哲学开始，一直兼治中西哲学，尤其以存在主义与道家哲学为主，所以我们谈论的话题很多，探讨各种与人类智慧相关的议题。

我们慢慢成为忘年之交。我发觉，举正很有理想，也很能干，他在任台大哲学系主任时，处理系务得当，协调问题有方。而且他还透过各式媒体，向国人介绍如何应用哲学，分析时事，内容充实，甚至连我老伴都觉得精彩。我很认同他的想法，就是哲学需要与实际生活接触。

最重要的是，举正教授深具民族大义，关心大局的走向，体会我们中国人应当在这个时代，创造新的局面，把文化的力量推到最高峰。我对举正有信心，毫不保留地向读者推荐他的作品。

陈鼓应

2020 年 5 月 3 日于台北寓所

这一系列书籍，主题是追求真、善、美。毫无疑问，这是一个宏大的题目，所以请不要误解，我并没有能力解决真、善、美的问题；我在这里强调的是追求，而且是我所诠释的追求。

然而我诠释的追求也不见得很主观，主要原因是，追求真、善、美，不但是规范，也是事实。每个人都知道真、善、美，人人有义务追求真、善、美，事实上也会这么做。在教学以及与学生的讨论里，我发现了这个道理。

在教书生涯中，我一直认为，研究的成果必须建立在教学的基础上。而在教学的过程中，我除了上课外，还经常与学生讨论，这些讨论往往会有意想不到的收获。因此，这一系列书籍的内容，与我在台大哲学系所教授的西方哲学史以及课后的讨论直接相关。

我发现，在教授西方哲学史的过程中，所有教学内容与讨论话题，都离不开真、善、美这三个关键议题。不过，在哲学史的不同阶段，因为客观环境的变化以及论证重点的转换，每一个时期，对于真、善、美的讨论显现出不同的侧重。

对真、善、美的强调，虽然一开始都来自对这三个主题的关怀，但是西方哲学史的发展，尤其在现代哲学兴起之前，逐渐呈现出一个趋势。在这个趋势中，有不同的重点，先是求真，而后求善，最终达到求美。

我再强调一遍，对于真、善、美的整体讨论，在哲学发展中一直是重要的。然而我认为，在广泛地讨论这三个议题时，不同的阶段会有不同的侧重点。在经过分析与整理后，理解这些对于真、善、美的不同侧重，能让我们对哲学的发展有更清楚的认识。

上述趋势与西方哲学史的发展紧密联系。在现代哲学兴起前，西方哲学史所涵盖的三个主要阶段（希腊哲学、罗马哲学以及中世纪哲学）里，真、善、美的讨论都很重要，不过在论证真、善、美的时候，呈现出方向的转变。

这个转变是这样的。首先是希腊的哲学家很重视真假的辨别，然后是罗马哲学家强调善恶是普世的，最后是中世纪的哲学家发觉美是超越的。对于真、善、美这三部分的不同侧重，是我最初写本系列书的主要灵感。

希腊哲学的主要代表，是以苏格拉底、柏拉图、亚里士多德为代表的雅典学派。在雅典这个举世知名的哲学摇篮中，虽然有关真理的讨论都以理性为主，但是这些哲学家的思想与观点，都直接或间接与雅典城邦联系在一起。城邦不大，拥有完整的政治制度、社会传统以及经济秩序。对于活在这些制度、传统与秩序中的人而言，真假的议题具有关键性意义。

相对于城邦而言，罗马帝国就非常不同了，连带地导致哲学的发展也不同。罗马哲学的主要代表，就是在西方流行 600 多年之久的斯多葛学派。在罗马帝国的背景下，各个阶层包含皇帝、权臣与奴隶，都曾经出现过伟大的斯多葛哲学家。他们都认为，哲学中最重要的议题，就是从普世的观点中区分善恶。

中世纪哲学最重要的贡献，就是宗教哲学的发展。在万事万物皆由创造所生的理念下，宗教哲学的联想，就是对这是一个完美世界的认知，同时确定"美"是一个超越概念。美的认知，不受主客观、形象、时间与空间的影响，而只有宗教哲学的论证，能够显现美的超越意义。

在写这一系列书的时候，我从循序渐进的角度，伴随西方哲学史的发展，逐渐透过哲学的视野，分别深化对于真、善、美的讨论，并且在这个讨论过程中，建构追求真、善、美的不同侧重点。针对这一建构，我想再深入地提出三点说明：

首先，我必须强调，这个趋势的发展是我个人建构的，并不是一般所认知的。事实上，我们一般在中外读本上所接触到的西方哲学史，写作方式大多是依照时间序列发展而成。我想透过真、善、美不同层次的追求，搭配外在环境的改变，强化重点。

之所以这么做，就是因为在西方哲学史的教学历程中，我逐渐发现，不同的阶段，会出现不同的认知，导致不同的结果。对于这些不同结果的强调，有助于学生了解历史是动态发展的结果。

事实上，这种趋势的建构，可以让所有学习西方哲学史的人更进一步了解重点。形成这些重点的主要原因，来自于外在与内在环境的变化。面对这些变化，哲学家所引用的论点与依据不尽相同，而且论证内容也可能有很大的差异。

这些差异并不构成冲突，但是，我想强调的重点主要是，在各自拥有不同的哲学论点与依据的时候，他们在哲学发展上出现了转变。转变前与转变后之间没有对错的问题，因为这是在外部环境的变化下所导致的发展。前后阶段的论证方式都很严谨，但是外在环境的变化使得着重点产生了根本的差异。

其次，在本系列书中，诚如我在前文所强调的，虽然所有的论证，尤其是趋势的建构，都是我个人在教学中的心得，但并未因此而形成一个主观的立场，原因是我运用了西方哲学史的数据，极其客观地进行论述，企图证明这个趋势的建构是有道理的。

在建构这些趋势时，我认为有一点非常重要，就是在阅读浩瀚的西方哲学史材料的过程中，我找到了发展的重点。我认为，透过融合哲学思辨与历史环境的改变，在西方哲学史的发展中，真、善、美这三个议题的非阶段着重的形成很自然。我的努力就是，透过我的论述，把它们形成的过程清楚地讲出来。

在形成这些论点、建构这个趋势时，我并未强调我所提出的是唯一的或是正确的解释，但我认为在这整个趋势与脉络的建构过程中，西方哲学史对我而言，成了一个动态发展的有机结构。对于理解西方哲学史而言，动态发展与有机结构是很重要的。

我强调动态发展的原因，是因为我非常注重历史局势对于思想变化的影响，同时也注意到伴随这种影响而产生的思想与论证。毕竟人的思想是非常活跃的，不受任何外在的框架所限制，所以变动的环境必然会影响哲学的发展。在理解西方哲学史的历程中，认知这一点尤其重要。

我也强调有机结构，因为我认为，所有的思想不是仅来自个人的心灵而已。思想的有效性以及论证得出的结果，会实质性地影响他人。在哲学家与哲学家的互动过程中，发展思想的历史，就会形成一个有机的结构，持续地影响后代的哲学家，甚至一般人。

我的重点是，当我们处在思想互动的社会里，一些思想会影响我们，导致我们提出相对应的思想，而同时外在环境又处于不断的变动中。这个时候，变动的环境会直接影响我们互动的结构，而这就会促成改变。改变的结果是持续的，但在不同的阶段中会出现不同的重点。

请注意，这种改变并不是漫无目的的改变，而是有方向的转换。虽然外在环境的变化不是我们能够控制的，我们的思想却对这种改变产生了进一步深化的响应与理解。只有从历史发展的视野中，才能够认知这种响应，理解所产生的转变。

需要强调的是，这种转变是有目的的。这个目的，就是人类思想深化的历程，让我们觉得思想的发展是有轨迹的，事物的发生是有缘由的。小至城邦，大到帝国，由世俗的经验，到达理性的超越；人类透过哲学的讨论与思索，逐渐理解人在这个世界中的地位与要点。

最后，无论是趋势的建构，或者是客观事实的证成，将它们一并集结起来，展现我从事哲学研究最重要的期许。我一直期许自己做一个接地气的哲学家，而我所论述的哲学，要有实用价值。

我所讲的哲学实用价值，并不是说哲学能够让我们在生活中出人头地。哲学并不具备这种神奇的力量，但透过理解思想发展历程，我们可以运用哲学综合与分析的能力，小到面对生活琐事，大到理清生活环境，都能从哲学的角度提出完整的解释。这是一种实用的练习，因为我们经常困惑于外界发生的大小事。

想要明确地理解发生在我们周遭的大小事，最主要的方向就是发掘出事件发生的原因与脉络，并且针对事件仔细探讨，解释导致它们发生的原因以及构成的主要因素。我认为，建构西方哲学史的发展历程与阶段，不但对于思考练习、环境厘清很有帮助，还可以有效地提升表达能力。

我期许，透过哲学式的思考与表达，这一系列书籍能够展现出系统性的理解，让哲学能够推广到社会的各个角落。哲学与时代脉络息息相关，也是伴随着历史发展逐步形成的。因此，我希望透过这套书告诉读者，哲学不但表现出人类最深刻的思维，也是一个自行发挥创意的场域。

最后，我深深地期待，中国作为一个文化悠久的古老大国，应当对自己的过去、现在与未来做哲学的反省。类似于我在本系列书中所建构的趋势，我们要对哲学历史进行解读，诠释其中的重点。我们必定能够在这个诉求下，昂扬大步，走在人类文明的康庄大道上。

苑举正

2020 年 5 月

　　我在台大哲学系教了几年西方哲学史，每年都因为教学，会有不同而且逐渐深入的理解。这本书是我课程的部分内容，加上我对于哲学的大致观点，尤其是有关西方哲学重要性的看法。对于我们生活在中华文化中的人，接受这些看法并不容易，因为我们有自己的一套思维系统，也就是另一套哲学系统。

　　比如说，中国人特别强调家庭、教育以及阴阳五行。对于家庭的重视，会让我们把对父母的孝心延伸到对朋友的信任，甚至于进而扩张到对国家的忠心，对所有人的仁慈等。

　　中国人对于教育的重视，让我们认为读书是一件高尚的事情，并且以做知识分子自我期许，强调读书人的风骨，遇到大是大非的时候，能够做出合乎道德的决定。

　　中国人相信，万事万物都必须讲道理，连老天爷也不例外。人若不能够站在理字上，寸步难行。中国人讲的"道"，是万事万物的基础，也是世界的秩序。一切事物相生相克，使得命运有事先理解的可能性，并也因此而认命于人生的起起伏伏。

这些例子说得好像是人生的形形色色，但其实它们是一整套的思维系统。从家庭、教育到阴阳五行，它们都有共同的起源，讲的都是天地人之间的自然情感。活在中国文化中的人，处处觉得自然就是如此，不会怀疑，也谈不上认同。反正，几千年来，按照这一套生活就对了。这种生活方式，一直到与西方文化接触时才感觉到差别、不同，甚至是争议与冲突。

我们总是从表面的接触上感到西方人与我们的差别。有的时候，我们觉得，中国人比较沉默，而西方人善于表达；中国人行事比较内敛，而西方人却处处外显；中国人推崇感性，而西方人注重理性；当我们处处以家庭为本时，西方人却着重个人的发展；我们都认为唯有读书高，西方人却强调行行出状元；我们相信天有天道、人有人道，西方人却说神创造了一切。

无论这些感觉到底是不是真的，但是跟西方人接触的结果会产生这些印象，是不争的事实。有人认为这是国情不同的结果，也有人认为这是沟通不良所产生的误解。我认为，这是哲学思维的差异。

平常，很少有人从哲学思维的角度分析任何事物。这是因为我们对于哲学太陌生的缘故，因此总觉得哲学不好懂，或是太困难。

结果是，我们怎么可能用自己不熟的观点解释任何我们不清楚的事物呢？的确如此，但这并不代表不可能，尤其是这是一件值得尝试的事。

从哲学的视野来看我们生活中的大小事情，是可能的，因为无论我们处在世界哪个角落，生活在哪种文化下，经历过什么样的历史，累积出多么不同的传统，我们毕竟共享这个世界。这个世界在限制我们的同时，也提供给我们彼此理解的"硬"基础。同时，从哲学角度看事物绝对是值得尝试的事情，因为哲学代表最深层的反思，而反思是"人之所以为人"的权利与义务；不这么做，辜负生而为人，也算是"瞎活了"。

为了让此生活得值得，我们应该尝试学一学哲学。问题是，该怎么学呢？我们可以读一些传统经典，然后消化古人的智慧，接着反思现今的情境，并将心得作为人生的指引。这可能是很多人的做法，不过它有个限制，就是受限于个人认知，无法发现自己的错误。我们必须承认，不会出错的信念等于教条，而坚守教条的人，等于自我欺骗。所以，不管读什么经典，哲学的基本原则就是不断地从错误中学习。这一点，正好就是西方哲学的基本精神。

西方哲学最大的特色，就是通过对话追求真理。我不敢说对话是获得真理的唯一途径，但是从学习的角度而言，对话无疑是最有效的方式。主要是因为，对话的前提是思考与表达，而对话的结果是辩论与坚持。思考是我们人类所独有的本能，但是表达让我们有机会通过对话厘清思考的内容。因此，对话其实就是通过语言交换思考的过程。

因为每个人都有自己的思考结果，所以对话往往显示出观点的冲突。面对这些冲突，很多人会闹得不欢而散。西方哲学的价值，就是教育我们肯定冲突，并且竭力捍卫自己的观点，但在被别人指出错误时，要坦然面对，并从错误中学习。我们必须说，没有经历过这种哲学教育，一般人很少会主动承认错误。所以，从这个角度而言，哲学家的确不同于一般人，尤其是经过西方哲学熏陶的。哲学家的天职就是求真，在求真的原则下，承认错误又算得了什么呢？

我并无意宣称西方哲学是唯一求真的哲学，但我在谈论哲学之前，必须选择一个观点。在这里，我选择源自古希腊哲学的传统，也就是强调对话与批判的哲学传统。这个传统表面上与我们强调"沉默是金"的文化有冲突，但是它基于批判的原则，鼓励思考与表达的自由，强调求真的理性。这些特点，其实是所有人与生俱来的本能。哲学的工作，不外乎就是重新唤醒人们这些固有的本能。在落实这份工作之外，我还希望这本书能够达到下列五个目的：

第一，在台湾大学的教学网站中，"西方哲学史"这门课有远程教学的视频。可是在上课的过程中，因为我个人教学风格以及掌握上课情绪的需要，有许多知识承载度方面的问题，需要配合一本既好懂又好用的书籍，加以辅助。

第二，学西方哲学史，需要一个全面理解这段历史的观点。我选择的是批判理性论。通过本书的强调，我将西方哲学发展当成一个整体，说明所有哲学思想都是为了发扬批判精神与理性论证的结果。

第三，我深觉哲学是现代社会中一个重要的科目，而西方哲学在理解我们所处的时代上最具关键的地位。这是因为西方哲学具有批判性，可以在不断批判的过程中，甚至通过自我批判，呈现出其他哲学思想的重要性。想要做到这件事，首先必须普及对西方哲学的认识。

第四，哲学不但困难，甚至无趣。在求真的过程中，哲学人往往囿于害怕出错，经常咬文嚼字，锱铢必较。结果每每让一般读者感到了然无趣，产生"因为无聊所以没用"的误解。本书的目的即在于引发兴趣，顾及流畅，少用术语，愿意以普及哲学为原则，提升阅读兴趣作方向。

第五，我想以前面四点的集结介绍古希腊哲学的历史。古希腊哲学是人类文明中最重要的思想历史，也是科学、民主与基督教三大人类文明的摇篮。这三大文明，明显地具有超越疆域的特色，让非西方人，可以从溯源的角度检视欧洲文明的发展。希望通过本书，让读者可以约略体会西方何以成为今日的西方。

我不敢说这本书能有什么贡献，但我企图做的，是以一种带有距离的方式，检视古希腊哲学的要点，进而阐述西方哲学的起源。为了达到这个目的，我除了将本书的主要内容分成前苏格拉底哲学家、诡辩学派与苏格拉底、柏拉图以及亚里士多德四个主要部分之外，前后各加了一讲。第一讲是有关哲学的定义，最后一讲是希腊哲学的贡献。与中间四讲结合，这六讲共同构成了一个整体，兼顾反思与阐述。

通过对希腊哲学的定义、内容与贡献的说明，我希望哲学能够变得有趣、易懂与好用。要做到这三点，就需意简言赅、反思时事以及对比文化。单有这三个方法其实还不够，我们还需要一个观点，让这些方法能够协调一致。我选择以否定前人思想提出理性论证为主轴的批判理性论。

在应用这个观点时，我以规范性与描述性的方式，说明批判理性论的价值。在定义哲学时，我毫不保留地认为，哲学的重要性来自批判理性的发扬，并将其当作所有哲学家应当实践的原则。然后，在接下来的几讲中，我以描述事实的方式，说明这正是所有希腊哲学家所依循的原则。最后，在谈及希腊哲学的贡献时，我以结合事实与规范的方式，展示希腊哲学对人类文明的贡献。

希腊哲学不仅体现了批判理性的发展，还展示了理性化朝向普遍性发展的特色。在各地不同文化中，希腊哲学能够脱颖而出，为全人类文明后来的发展提供思想上的源泉，这件事实，足以证明人类的理性与思考，确实是超越宗教、种族与传统的。

目 录

CONTENTS

第 一 讲

哲学的定义

摘 要

本讲内容，在于从发扬批判理性的角度定义哲学。这是哲学历史的事实，也是哲学发展的规则。哲学史中，充满深具批判性的哲学家。他们指出前人的错误，提出自己论证的事实，成为我们的典范，应当见贤思齐。我们从事哲学思考的主因，就是求真求知，而只有勇于提出理由，回拒他人，才能够达成我们追求进步的目的，这也是确保发展的规则。不过，批判理性作为创新求变的道理，却在传统、文化、风俗与习惯的捍卫中，逐渐失去吸引力，为保守的风气所取代。哲学家以思想作为行动，推开停滞的思维，发展出新的理念，以满足求知欲望为己任。

想要给哲学一个清楚的定义，不是一件容易的事情。因为每个人的观点不同，会有各种不同的哲学定义。因此我们尝试以最具普遍意义的人性定义哲学。我个人认为，人性中最普遍的事实，就是求真，就是不容忍虚假。因此，哲学可以说是消除虚假的思考行动。

为了彰显真理，我们必须尽一切所能消除所有的错误。不过，这见识，说起来容易做起来难。说话往往展现个人的想法，做事可就影响别人了。牵涉别人的事，不能"从心所欲"，必须依循社会规范。我们的社会规范，一直不断地在教育我们如何与人为善，追逐什么价值，如何成为好人等。在约定俗成的过程中，我们不知不觉地成为社会中的一分子，久而久之也就视社会价值为当然。

我们必须坦承，活在约定俗成的社会中，最大的快乐就是不用思考，只需因循社会价值即可。对此，哲学家却不敢苟同，这也构成哲学家最特殊的地方。以"士"自我期许的知识分子，最喜爱说"千人之诺诺，不如一士之谔谔"，正是此意。哲学家不相信人们已经活在理想世界之中，更不相信别人说的完美世界。但这并不是说哲学家天生反骨，专干异于常人的事，想些别人压根就不会去碰的问题。哲学家喜欢正本清源，讨厌趋炎附势，但除了享受自己的想法外，也乐于与他人共享思考成果，绝非独善其身者。

为了与人沟通，顺势说服他人，哲学家需要深刻的思考、清晰的表达、勇敢的辩论以及求真的精神。这四者，缺一不可。而所谓的哲学作为一种实际的行动，就是在日常生活中具体地体现这四种行动。或许有人会因此认为，哲学家是一类很特殊的人，其实，每个人都可能是哲学家。

一、人天生是哲学的动物

人天生是好奇的动物。不然为什么刚学会讲话的孩子，总是喜欢问这问那的？这是许多人都有的经验，也告诉我们三项事实：第一，人的天性中包含喜爱发问的本能；第二，发问是不需要理由的；第三，随着社会化的成长，我们慢慢变得不爱发问了。哲学就是鼓励人重新发问的学问。

我们想一想，人为什么喜欢发问？答案很明显，就是因为我们对于一切变化会感到好奇。在好奇心的驱使下，我们会想了解，为什么平淡无奇的生活会出现变化？为什么月亮会出现阴晴圆缺？为什么一年会有春夏秋冬？为什么人有生老病死？这些问题不一定会有明确的答案，但是想知道答案的感觉总是充斥着我们的心灵，于是有人提出大胆的答案，甚至拿不可思议的神话当答案。

所有人都共享着先人所流传下来的神话，甚至继续用它们说明不可理解的自然。有趣的是，神话总是能够成功地发挥作用，满足古人对外在世界的好奇心。神话能够做到这一点，是因为这个满足的过程并不需要严格的逻辑或因果，只需要满足人的求知欲，提出一个完整的说明。我以中国神话中最著名的"女娲补天"为例，解释这个有趣的满足求知欲的过程。

人人都知道，不管地多大，上头总是笼罩着天空。天有日月，太阳决定四季，月亮展示圆缺。这些规律哪来的？中国传统用"天圆地方"形容天体的结构，但"为什么天体一定得长这个样？"这是一个需要解释的问题。于是，神话传开了，说天体曾经一度崩坏，导致昼夜不分，生灵涂炭。女娲出现了，炼五色石、修补垮掉的天、重建规律、授民以时、讲求人伦，人民从此安居乐业。

"女娲补天"是我们至今依然津津乐道的神话故事，但它与哲学又有什么关系呢？它与哲学具有共同点，就是都企图解释自然结构与人文关系。那么，它们又有什么不同呢？它们最大的区别就是神话不容许批判质疑，也不需要理性论证。简言之，当哲学从批判理性中解释自然时，神话只需要一个"言似成理"的故事。这也是为什么启蒙时代的哲学家会说，理性像光，照向蒙昧的黑暗。

从神话启发哲学的发展，我们可以看得出来，原来人发问是不需要理由的，就是给答案也不需要理由的。重点是，在一问一答的过程中，如何觉得这是一个具有说服力的过程。在早先时期，使故事具有说服力的因素很多，如信仰、传统、习惯、生活等。慢慢地，当这些因素所促成的说服力渐渐要求越来越多人认同的时候，有一种力量开始要求这种说服力必须依附在普遍的基础上，哲学算是找到了真正能够寄托的力量，也就是理性的力量。

二、哲学就是实践批判理性

事实上，我们也可以说，哲学就是理性化的过程。但是，请注意，这里所说的"理性化"，并不是理性的定义，更不必然就是西方哲学的"专利"。所谓的理性化，不是让某一地区的人民与文化被迫接受一套中立、普遍与客观的原则，也不一定就是反对传统、风俗与文化的"启蒙"思维，更不是我们现今倡议的科学理性。"理性化"是一个接受信念为真的过程，是与时俱进的成长，是不断追求进步的推力。

因此，"理性化"除了比较注意真假、时机与长进之外，与我们一般的生活中追求处处合理的观点并没有什么不同。我们常说，"人总是得讲理的"，其意义虽然看似松散，其实就是处处要讲究合理的意思。在讲理的生活中，我们并不排除主观上的认知与偏好，也不否认传统的价值与想法，但主观与传统并不是目的，只是当下判断的条件，一旦机会来了，讲求真假与长进的人，会考虑新的情况，追求更合理的解释。

这发生在所有地区的人的日常生活中，尤其是当人们面对各种变化，必须做出回应的时候。变化引发我们生活的改变，有时候改变的速度之快、幅度之广，逼迫我们必须为生活甚至生存提出质疑，提出改变方向的问题。针对这些问题，我们也会尽一切办法，说出合理以及有说服力的答案。在追求"合理答案"的过程中，我们曾经反复试错，直到找出解决方式为止，然后"信以为真"地接受新的生活方式，直到下一次的变化为止。

我不否认，传统是这样养成的，而且若不是经过剧烈的变化，传统也是不容易更改的。传统不容易改变，是因为大多数人都是以"逆来顺受"的方式活着。坦白说，少有人以主观的态度积极面对所处的环境并进行改变。改变不是不会发生，只是发生的时间比较长，久了回头看历史发展，会发觉其实我们在漫长的时光中经历过各种人为与自然条件所引发的转变。

这些转变中，最激烈的莫过于文明的冲突所导致的结果。对于中国而言，西方文明所带来的冲突不但激烈，甚至一度造成文化危机，几乎全盘自我否定。这个"否定"当然是逼出来的，但情势迫切也是不争的事实。面对这种内外交迫的情况，让我们看看古人的哲学告诉我们什么。

《大学》中记载"君子无所不用其极"的对象有商汤的盘铭"苟日新，日日新，又日新"；《尚书·康诰》曰"作新民"；《诗经》

里说的"周虽旧邦，其命维新"。古代经典不约而同地告诉我们，"新"的意义，就是"推陈出新"，也就是推翻陈旧，开出新象。先人之语告诉我们，应该尽一切力量求新求变。事实上也是如此，清末在救亡图存中，变法不正是以"维新"二字号召天下吗？

我们原先有自己的传统与文化，但是在西学东渐后，面对西方科技优势的入侵，甚至发生"动摇国本"的震撼。许多人会认为，这个震撼其实是个技不如人的遗憾，也是奇耻大辱。但是，无可讳言，这些不愉快的经验迫使我们必须从批判的眼光，检视自己文化的缺失，思考别人的长处，提出合理的办法，解决眼前的问题。

例如，原先我们的文化中法治观念较弱，解决人际问题，靠的是亲情、风俗与伦常关系。甚至到今天，我们对于开口规则闭口法条的人依然没有什么好感。孔子说："道之以政，齐之以刑，民勉而无耻；道之以德，齐之以礼，有耻且格。"（《论语·为政》）就是肯定伦理关系胜过法治社会的意思。这种以亲情为主的道德社会，在面对西方法治社会时，遇到极大的挑战，必须改革，采取以法治为主的政治制度。

遭遇这种法治与德治的冲突时，客观环境告诉我们自我批判的重要性，而且必须尽一切思考找出合理的答案。这种批判理性的应用，发生在我们文化的各个层面。我们曾一度以华夏文化作为思想中心，肯定自我文化，轻视外族思维。"华夷之辨"言犹在耳，但今天我们已经进入了多元文化的社会，强调的是不分种族，和平共处。我们也曾经处在"前科学"时期，谈经典大义，论圣人之道，从不觉得自己"蒙昧"。现代科学的扩展，"照亮"了这一切。

这些例子告诉我们，哲学求真的过程就是突破限制、追求进步的过程。因为这个过程，我们也必须坦承，没有哪一个阶段的思维方式足以全面地代表理性。理性化的过程，就像哲学是思想追求突破的活动，也就是克服阶段性限制的过程。这是动态发展的结果，是突破限制的体现，是持续进行的工作，也是哲学活动追求真理的事实。

三、如何活用批判理性？

反思我们实际应用批判理性的事实之后，我们必须承认，哲学思考就是用来面对变化、环顾情势、另图新局。关键是，我们应当将此视为常态，主动求新求变，绝不墨守成规。毕竟，人总是有限的，因此对于无限的外在环境，他不能通盘理解，只能视变化为自然。哲学就是起源于对变化所引发的惊奇与思考。

一旦开始思考，哲学的轨迹就因为求真的原则不断地发展、批判、突破以及坚持。我们这么说并不是强调哲学发展与原始思考之间有什么程度高低的差别，我们只是强调，真正让哲学能履行其求真义务的关键是理性的力量。有趣的是，理性在哲学中的功能，并不是让我们宣称什么是真的；刚好相反，在哲学中，理性的力量在于批判什么是真的。换言之，哲学的理性，是批判的，是否定的，是反教条的。那么，哲学家要如何应用批判理性呢？

批判理性，顾名思义，就是肯定批判思考的想法。但是，要实现批判理性，光有想法是不够的，还需要懂得用，而且是活用。想要灵活应用批判理性，需要两项能力：表达与胆识。哲学家不应只是会思考的人，也应当是懂得如何表达的人。有的时候，我们甚至可以说，对于哲学家而言，表达的能力比思考的能力更重要。因为我们需要通过表达能力清楚地说出我们思考的内容。每一个人都有类似的经验，一个念头跟一句话之间，是有根本差别的。至少，停留在脑海中的想法与说出来的话产生的效果大不相同。

最大的不同是，说出来的话，不但展现了思考的内容，而且因为语句的结构，所以原来一个不置可否或是不太确定的想法，极有可能变成一句"是"或"否"的话。举个日常生活的例子，"想"与某人交朋友，不说出来，永远只是个"想法"。对心仪的人说"我想与你交朋友"，意思可就大大不同了。原有的暧昧全没了，而对方所面对的，只是一个"好"与"不好"的答案。

我不否认，逼人思考的结果，极有可能是"弄巧成拙"，坏了一段"朦胧的美"。许多人甚至会认为，用"是"或"否"这种断言的方式表达一段思考，是简化了思想复杂性的做法，也是一种缺失。不过，批判理性在发展以断言作为沟通基础的做法中，却显现出哲学家的想法与一般人的不同。担心得罪人，想作乡愿，都是一般人的想法，不是哲学家的选择。哲学家需要胆识，尽一切力量追求真理，不怕与人不同。

四、"多说无益"，对吗？

我说过，当大多数人对于生活采取"逆来顺受"的态度时，哲学家多为不耐俗的人。坦白说，标新立异不但不讨好，惹人生厌；严重的时候，还会冒犯社会规范，带来无穷麻烦。我为什么会对"与众不同"这么悲观呢？答案就是，戮力贯彻批判理性的人，往往有一颗不能容忍虚假的心。这个人对于社会中的思想、习惯、传统、政治、教育进行批判时，必然不见容于捍卫传统的人。

我并不认为提出批判就是对的，更不会认为坚持自己的看法就一定有理。我甚至认为，往往捍卫传统的人可能还比较有道理，至少我们对于传统的价值确实是比较熟悉的。因此，批判并不是重点，重点是理性，尤其是能够言之成理让人产生信念的道理。毕竟，每一个人都有自己的思考，但能够说服人的思考，必定是能够说服他人的话语，获得多数人认同的文章。

如果真是如此，那么哲学似乎没有被定义的可能性，只是思考的活动。同时，因为我们不能限制别人思考的内容，也就等于没有办法知道思考的结果。如果不是因为我们人类有语言能力，而且有表达思想的欲望，我们的确有可能不知道别人到底在想什么。

咱们中国人不是有一句话说"画虎画皮难画骨，知人知面不知心"吗？这句话的意思正是，如果不把心里的话说出来，没有人知道你在想什么。或许，有人会对不让人知道自己的内心世界而洋洋自得。可是在哲学的世界中，不把话说出来，却是一种"损人不利己"的行为。为什么？

原因很明显，一个拒绝表达自己思想的人，不但失去了与人沟通的机会，也失去了通过沟通纠正自己思想错误的可能性。对于个人而言，最大的损失，就是局限自己的思考，失去了追求进步的机会。在无法进步的情境中，旁人亦不能因为你的想法而获利，导致大家思想进展的停滞。或许你会说，拒绝沟通虽然不能获得从错误中学习的机会，但是也同时避免了让人看到错误的可能，难道你没听过"祸从口出"这句至理名言吗？这是一个很有趣的问题，再次凸显哲学思考与一般思考的不同。

哲学思考与一般思考最重要的差别，就是面对真理的态度。虽然我们说哲学以追求真理为天职，但真理究竟是什么，依然是一个抽象且极为复杂的问题。但是，哲学思考一个重要的特色就是在思考与表达的过程中排除所有不真的部分。然而，若不是通过缜密的思考与清晰的表达，旁人无从理解，不能引发响应，遑论排除错误。

对于一般人而言，或许言谈中包含一些没有根据的虚假内容，在谈笑风生中是可以容忍的。但是在哲学思考的要求中，只有通得过我们内心中那种抗拒虚假的本能，才是值得保存在我们脑海中的内容。不过，在"多说多益"的假设中，我们也不能忽略"过执"的可能。许多人自诩哲学人，提出自以为是的言论，但经常过于执着自己所认知的"真理"，导致遭人非议不切实际，或是蒙受讥笑为"无用之学"的结果。这可怎么说呢？

五、道德是我们沟通的基础

哲学被人视作"不切实际"可以理解，但被当作"无用之学"则令人不解。怎么求真的下场居然惨至如此，难不成人就是说一套做一套的动物？答案可能确实如此，因为人极有可能就是"心口不一"的动物。

我们不都有类似的经验？每每心里想的，话到嘴边，或因担心惊世骇俗，或因害怕离经叛道，或因迁就人情冷暖，结果说出来的话就跟心里想的完全不是一回事了。有人说，这叫"没原则"，缺乏"道德勇气"。也有人说，这叫"识时务"，"懂得做人"，能够"察言观色"。

我不说谁对谁错，但觉得这个现象并不难理解。皆因我们的沟通能力建立在情感的基础上。因为情感，所以我们在乎旁人，连带地也就在乎他们的想法。人有情感是自然的，所以想法中牵扯情感也是自然的，而想用理性压制情感反而是不自然的，更别说没有人能够确定自己的思考一定有道理。一件"不一定真"的事（个人思考），碰到一件"一定自然"的事（流露情感）的结果，往往就是"跟着感觉走"，结果也不足为奇。

因此，人因为情感衍生出道德判断是自然的。这也是为什么全世界所有的民族都会有道德，并形成道德文化。中华文化在这一方面的表现最为精致，还有先圣先贤针对这些道德规范提出说明。这些说明经常从个人的经验提出某些行为应当有的做法，要求规范众人的行为。

道德的要求具有普遍性，进而成为生活的纲领。中国文化强调的"四维八德"，就具体地代表一些普遍的理念。我们试想，如果忠、孝、仁、爱这些理念的应用范围局限于某个地区、某些人、某些事情、某段时间、某些物品的话，那么我们会觉得这些观念不足以成为道德的纲领。为什么？因为我们一般会认为真理与善良是一体的两面，道德的应用范围应该是普遍的。因此，我们可以说，哲学思考的原初目的就在于不断扩大我们的道德世界，直到涵盖所有人。

我们也可以理解，为什么所有传统社会都会出现一种介于宗教与伦常关系之间的道德世界。这个道德世界，不但体现了传统智慧，也发扬了人不同于动物的本能，也就是说话的能力。话语不但包含沟通的可能，也是以自己所认同的价值说服他人的工具。问题是，这个说服过程经常是不成功的。

亚里士多德曾经说过，人之所以是理性的动物，主要的原因就是人拥有语言。语言不但使得我们能够呈现内在的思维，也因为语言的断言结构，使得我们能够分辨一件事情在道德意义上的好与坏。这是一个很重要的观念，因为原先事情只具有事实面，并没有好坏的价值判断。但是人，通过语言的描述，可以让我们经由与生俱来的能力赋予事物价值。

因此，所谓的传统道德，其实它所呈现的不但是长期思考的成果，也决定了我们人不应该仅活在"自然世界"，更应该活在"道德世界"中。如果哲学思考的目的就是建构"道德世界"的话，加上普遍化自己的道德价值并不成功，那么我们是不是可以说，哲学的主要工作就在于分辨不同的国家、传统、社会、民族在不同的时空条件下所创造出来的不同道德世界呢？如果真是如此，那么哲学的工作似乎与文化人类学相差不大，都是通过文化的力量来解释人生存的环境。

我必须承认，以文化解释道德世界，是我们再熟悉不过的做法，但对于哲学家而言，这个做法，却是停滞的象征。哲学是活的，也不承认人的世界会被规则绑死。虽然道德世界决定了我们的存在，但这并不表示这些规则真是"金科玉律"，撼动不得。

而这种思考的无限性，也为道德世界的发展在面对需要批判时提供了前进的保障。拒绝做到这一点的思维模式，等于是将人的生活限制在一个固定的教条世界中。我们都知道，教条的生活只能提供行为的规则，却永远压制了自由的思想。我不知道有没有不要自由的人，但哲学家显然不是这种人。

六、用哲学防止僵化的思想

我们富有活力的思想，经常自觉或不自觉地被社会价值规训。宣传的力量，配合上奖惩的措施，可以主动地让原先或许一度还不错的思想成为根深蒂固、深植人心的观念。结果使得我们相信周遭一切言之成理的事物不需要怀疑，只消直接应用即可。无论如何，一旦毫不犹豫、不假思索地接受一切规训，就等于否定了思考的动力，成了肯定现存一切价值的应声虫。

坦白说，这也没什么不好。毕竟要求人人都必须脱离自己的生存环境，并针对现存价值提出质疑，不但做不到，也不正确。对于应用批判理性的人而言，强迫人们必须批判，与不许任何人怀疑一样专制。批判理性的应用，首要前提就是尊重每个人的想法，让每个人都有机会把话说清楚，然后再把这些话置于社会公评之中。这是真正防止思想僵化的方法，也是确保我们能够朝向真理前进的自由之道。

因此，哲学思考在需要深邃地思考，清晰地表达具有说服力的论证之外，还需要发挥不断追求进步的精神。这种精神的体现，来自个人的勇气，有时还真需要一点"虽千万人，吾往矣"的情怀。这种情怀，是做哲学家的必要条件，不能没有。因此，即使每个人天生都有可能当哲学家，但并非人人都是一样的哲学家。

融合批判理性于思考中的人，才是真正的哲学家，不同于其他相信单凭思考即可达到真理的人。缺乏批判思考的人，会在欣赏"有道理"之余，相信这就是"真理"。真正的哲学家会在受吸引之余，思索如何突破自满，避免思想僵化，让真理自我彰显。

在这里，我们很明显地看到了哲学与宗教的差别。当宗教致力于通过语言表述超自然现象的时候，哲学不但质疑这些表述，还会将所有停止思考的可能性放在批判的范围之中。哲学家怀疑，语言在任何形式中，有完全代表实在的可能性。

七、排除错误是贴近真理的方法

所谓的实在，就是为真的本质。我不否认这句话很抽象，但我必须说，纵使我们不知道真实是什么，我们总能感觉到某些事情"不真"。这种感觉告诉我们，真理只能够从否定虚假的过程中自我呈现。换言之，追求真理的过程就是一个不断否定虚假的过程。这同时也表明，真理必然存在（否则我们不能知道什么是虚假），但能得到的就不是真理。为什么？

我们都有如下经验：经由深入思考后，先前肯定过的真实感觉遭到否定。对我们而言，真理的掌握完全寄托于当下的感觉，而这种感觉并不稳定，并且经常在内外环境的影响下处于变动之中。没有人会将处于变动中的感觉称为真理，但我们也不能在自我否定的过程中反对真理的存在（否则，我们在否定什么呢？）。因此，我们必须肯定有一项事物，目前并不明确，但的确存在，而且就是我们追逐的目标，让我们称它为实在。

从这个角度而言，我们可以知道，在"获得真理的感觉"与"用语言表达真理"之间有一种落差。一方面是我们的感觉，而另一方面是我们所表达的内容。我们在不知实在究竟为何的情况下，完全无法确定我们所使用的语言跟我们的感觉之间是不是真有对应关系。不过可以确定的是，在对话的过程中，经由思考不断推展的语言，往往因为不能够兼顾原先不曾料到的情境产生了应用上的限制。

在我们的感觉中，这些限制反映了不真的感觉，也使得我们相信，先前的认知如果不是错误的，就极有可能是不足的。在西方哲学中，哲学就在这种宣称真理与否定真理的双向关系中不断展现自我。这种通过语言，不断肯定与否定真理的方式，称为辩证的思维。

辩证的思维贯穿了西方哲学的历史，其中主要包含两个部分，一是大胆的假设，二是对话的回拒。这两个部分合在一起，构成了一种批判的理性。在理性的基础上，西方哲学强调大胆的假设，让所有能够察觉的经验内容都成为假设自然结构中的一部分。同时，在批判的基础上，西方哲学延续着苏格拉底的对话精神，不断地指出语言的限制无法为我们提供真理。这两点的结合，使得后来强调"证伪论"（falsificationism）的卡尔·波普尔认为：西方哲学足以成为科学的源头，正是因为它为科学的发展提供了方法论的指引，也就是批判理性主义（critical rationalism）。①

波普尔的理论为我们理解西方哲学的发展提供了一条很重要的线索，其中包含了三项原则。第一，西方哲学不同于所有其他哲学的关键，正是因为它的发展过程中主动呈现了批判理性主义在开创知识上的价值。第二，西方哲学不仅代表了这个世界在某一地区、在某段时间的思想精华，也是后来征服全世界的科学思想的鼻祖。第三，西方哲学向我们展示了从事哲学活动的终极目的，也就是怀着追求真理的决心与勇气持续追求知识进步的可能性。

在这三项原则的基础上，我们不需要对于哲学的定义感到彷徨，更不必对于哲学的出路感到忧心。因为哲学的发展在西方哲学的范例当中不但开创了科学知识，也具体地告诉我们，人伦发展的目标正在于不断追求进步，并以此满足人与生俱来的求知欲望。爱好哲学的人，切勿因在追求真理的过程中不断发生对错交织的辩证思维而感到挫败，因为这是求真的必要过程。这个过程，是进步的保证。

---

① 卡尔·波普尔（K. Popper，1902—1994）特别重视希腊哲学的原因在于，他发现批判理性主义就是大多数哲学家实际所做的事情。详细内容请参阅波普尔著《巴门尼德的世界：先苏哲学启蒙论文集》（*The World of Parmenides*：*Essays on the Presocratic Enlightenment*. London：Rouledge，1998）。

第 二 讲

前苏格拉底哲学家

摘 要

前苏格拉底哲学家指的是一群生活年代大致先于苏格拉底的哲学家。他们的哲学立场，皆以探讨自然本原为主，因此我们称他们为自然哲学家。他们提出各式各样的哲学思维，可以粗略地依照物质与形式、变化与不变以及多元与一元三组对比概念，分为六个主要的学派。在本讲中，我们刻意地从批判理性的运用与发展，诠释前苏格拉底哲学家各个学派彼此之间的论证与批判。这些哲学家的贡献，不但为后来科学的发展指出大胆假设与努力批判的方向，也为批判理性的实用与规范留下最佳的例证。

西方哲学史有固定的叙述方式，几乎都从"前苏格拉底哲学家"开始。前苏格拉底哲学家，顾名思义，指的是"先"于苏格拉底（公元前469—公元前399年）的古希腊哲学家。这个定义，其实并不正确，因为前苏格拉底哲学家中的原子论者德谟克利特（Democritus，公元前460—公元前370年）的生活年代就比苏格拉底晚。这种分类主要来自亚里士多德，"先"只是一个大致的用法，主要是为了凸显苏格拉底对于伦理问题的强调在本质上不同于他之前那些追求自然本原的"自然哲学家"。

西方哲学史著作往往在谈到前苏格拉底哲学家前，会概略地提到希腊神话的传统，然后以理性化的开始，进入前苏格拉底哲学家的思想。这是因为前苏格拉底哲学家的一项主要特色就是脱离希腊神话对于天、地、人的解释，转而完全从理性的角度针对自然会产生变化这一项事实提出各种解释。整体而言，"前苏格拉底哲学家"只是针对一群古希腊哲学家的称谓，其实依照地域与理念，包含着很多学派。大致上，前苏格拉底哲学家均强调形而上学的问题，探讨什么是组成自然的根本原则。

不过，即使说前苏格拉底哲学家的特色在于从理性的角度讨论自然的根本原则，但这里所说的自然，依然包含许多诸如宗教、想象、神话等超自然因素。其实，自然哲学的自然，与我们现在处于科学时代所强调的自然很不同。我们可以说，前苏格拉底哲学家所谈的自然范围广泛，包含所有感官能够察觉到的事物。他们的主要工作，在于从人的思维讨论自然事物的本原，而这与苏格拉底有关人伦的思考大异其趣。可以说，"自然哲学家"的方向与苏格拉底的"伦理哲学"代表两个不同的阶段。

除了少数断编残简外，前苏格拉底哲学家的作品没有留存下来。所以，对于他们观点的诠释，我们所依靠的往往是后人的诠释与批判，尤其是亚里士多德的叙述。不过，这并不是什么缺点，因为虽然我们无从获得第一手的数据，但这些断简残篇所衍生出来的哲学内容，让我们依然可以对前苏格拉底哲学家进行重建。

在谈论前苏格拉底哲学家前，需要先说明一下我们的分析架构。一般而言，前苏格拉底哲学家，可以依照三组对立的概念区分成六大学派。这三组概念是：物质与形式的区别、变化与不变的区别以及多元与一元的区别。

第一组概念，强调的是感觉与思考之间的差别。感觉是最基本的认知方式，但在摸到、看到、闻到、听到与尝到外在世界时，哲学家会问，我所感觉的，是什么所构成的？还有其他哲学家，他们发挥思考的力量，认为感觉的根本应当像数学那种形式知识，是不变的。前者是追求物质本原的哲学家，主要包括泰勒斯（Thales，公元前 624—公元前 546 年）、阿那克西曼德（Anaximander，公元前610—公元前 546 年）与阿那克西美尼（Anaximenes，公元前 585—公元前 528 年）师徒三人，自成一格，史称米利都学派。另外，后者以强调形式为主的毕达哥拉斯（Pythagoras，公元前 570—公元前495 年）及其所建立的类宗教组织组成，则称为毕达哥拉斯学派。

　　第二组概念延续前组对立概念的讨论，但离开物质与形式的对立，直接探讨自然现象发生变化的理由。他们问，自然现象中所察觉的一切，究竟是变化还是不变。很明显的，相较于前面两个学派，这里所探讨的问题进入了更高的哲学层次，问的不再是个别的经验或思考，而是使万事万物成为可能的根本原因。强调变化的主要学派是爱菲斯学派，代表人物是赫拉克利特（Heraclitus，公元前535—公元前 475 年）。强调不变的是伊利亚学派，主要代表人物有以神学著称的色诺芬尼（Xenophanes，公元前 570—公元前 475 年）与强调存在学的巴门尼德（Parmenides，公元前 515—? 年）。

　　第三组概念累积前人思想的成就，综合了感觉与思考、变化与不变几组概念后，针对经验的内容，询问组成世界的元素究竟是一元的还是多元的。多元学派中，有两位代表人物，恩培多克勒（Empedocles，公元前 490—公元前 430 年）与阿那克萨戈拉（Anaxagoras，公元前 510—公元前 428 年）。另外还有代表一元论的原子学派，他们认为万事万物无论外表多么不同，其实都是由无限多以及不能再分割的原子构成。原子论者认为，所谓的多元只是假象，因为一切经由观察所得到的现象都是原子组合形成的。原子学派的主要代表人物有留基伯（Leuccipus）与德谟克利特。

在这里，我们以图表的方式做个说明（见表 2-1）：

表 2-1 前苏格拉底哲学家的六个学派

物质与形式的区别	物质	米利都学派（泰勒斯、阿那克西曼德与阿那克西美尼）
	形式	毕达哥拉斯学派
变化与不变的区别	变化	爱菲斯学派（赫拉克利特）
	不变	伊利亚学派（色诺芬尼与巴门尼德）
多元与一元的区别	多元	多元学派（阿那克萨戈拉与恩培多克勒）
	一元	原子学派（留基伯与德谟克利特）

我们知道，这些古希腊哲学家的名字很长，翻译成中文更是奇异，不好记。不过，他们可是一般公认的西方哲学的起源，甚至是科学的始祖，值得我们多费一点心思记住他们的名字与贡献。在以下的篇幅中，我们将以层次渐深的方式分别介绍这六个学派的思想。不过在介绍这六个学派之前，让我们先从天时、地利和人和三个因素说明前苏格拉底哲学家的起源。

就天时而言，公元前 6 世纪，古希腊的文明相较于周遭地区，达到空前未有的高峰。在小亚细亚最西边的爱奥尼亚地区（Ionia）以及邻近的岛屿上，希腊人建立了许多殖民地。在这段时间里，各种以文化繁荣著称的民族，例如希腊人、腓尼基人、埃及人、波斯人等以相当进步的文明在这块地方修筑海港、建造道路、进行商业交易，创造了以贸易为主的文化。据说在当时的米利都城（Miletus）就有四个海港，而且该城在公元前六七世纪所生产的陶器，外销到今天的埃及以及俄罗斯的南部。

就地利方面而言，原有在希腊土地上因农业而产生的贵族政治，逐渐因为地理上的因素，发展出兼顾农业生产以及海上贸易的经济形态。任何人看到希腊的地图，都不会对这一点感到意外，因为希腊的所有主要城市都集中在沿海地区。同时，因为群山环绕的地理条件，造就出许多各自独立的城邦。这些肥沃的峡谷中，既能够生产农产品，又能与其他城邦，甚至遥远的国家、地区进行海上贸易。地利的特殊条件，不但使古希腊人发展出航海技术，拓展了地理知识，还增加了对外邦人的理解，包括学习外邦人的生活习惯及特殊技能。

开放学习的结果，就是对人的改变。原来在希腊的城邦中，知识的建构主要是环绕在城邦以及社群之上。在殖民地的环境中，因为吸收外来文化及技术的缘故，知识的重心转向个人，尤其是智能活动。这也使得原先强调身强体壮的农业文化转为动脑致富的商业文化。对于人的评价，也从内在的修为转向外在的成就。这一连串的转变，静悄悄地发生在人如何看待自己以及环境的思考中，并且逐渐在国际交流的氛围中看到人为的限制，这带来了批判的精神。

这种精神的酝酿，不但构成了知识的改变，也造成了我们后来所谓的哲学的起源。最主要的原因是，在不同的种族、文化、生活传统的交融下，所有参与其中的人逐渐发觉社会制度与基本信念其实都是人在不同时间地点创造的。同时，正因为这一切都是人造的，所以它们也极有可能是不完美的，需要改进。这种追求进步以及克服缺失的精神在新建立的殖民地中尤其明显，米利都就是一个例子。

我们设想，在一个新建立的城市当中，基于长治久安的原则，需要建立适合当地环境的法律，并且必须将每一个城市的特殊情况纳入法律考虑之中。相较于此，对于新移民的共同参与而言，原有的在希腊大陆所采用的君主制度与贵族制度逐渐被富裕商人所形成的政治阶层所取代。在这个取代过程中，治理方式也伴随着传统政治的消失从人治逐渐转向法治。我们可以想象，在法治环境下，必须要有足够的文字与思想能力才能编辑出约束所有人的法典。

毫无疑问，这种从人治转向法治的过程，人们的评价褒贬不一。有人认为这代表一个旧制度的瓦解，表明君权的削弱，甚至是推翻了君王与贵族这种天生就应该拥有权力的人。但是也有另外一种乐观主义，一种对于人类通过理智足以了解世界的信心。后者认为，这个世界必须在人的建立下才能够进行朝向完美发展的改变。这种乐观主义同时说明：第一，为什么哲学的起源来自殖民地，而不是希腊大陆。第二，哲学讨论的问题以人与他所处的环境为主。

第三，哲学就是人类对理智充满信心的乐观主义。

这三点不但促成了前苏格拉底哲学家发展的三个主因，也让我们注意到两个重点。第一，即使我们对于前苏格拉底哲学家所掌握的信息甚少，但是批判理性的应用，让我们能够对于不同学派所产生的多元性进行一贯的诠释。第二，在这个诠释上，我们反而会觉得前苏格拉底哲学家的大胆与乐观是哲学草创时期的优点。他们大胆地提出假设，并以天真、乐观的态度说出假设的内容。这让后人对其进行批判的同时，也注意到其大胆假设中所包含的内容。

天时、地利与人和这三项因素促进了新都市文化的发展，造就出一批乐观与大胆的人。他们秉持向前冲的精神，挑战一切传统的价值与保守的迷信思想。他们不断吸收外来文化的精华，批判自身文化的局限与错误。这些人中，最突出的，就是来自海港城市米利都的哲学家。

一、米利都学派

米利都学派（the Milesian School）就是促使哲学起源的具体实例。米利都是位于现今土耳其的古代城市，以海上贸易著称，也因此而变得富裕，足以孕育出乐于思考且享有言论自由的哲学家。这个学派包含三位有师承关系的哲学家：学派的奠基人泰勒斯，另两位阿那克西曼德与阿那克西美尼。

亚里士多德认为，他们之所以被当作哲学家，主要是因为他们脱离了用神话解释自然的传统，并以单一物质解释所有自然现象。若我们把米利都学派看作物质一元论者，也不为过，因为他们三人都提出单一物质（依次为"水"、"无限"与"气"）解释自然中的一切现象的观点，尤其是自然现象中的变化。

米利都学派是哲学的始祖，而泰勒斯的一句话成为一切哲思的源头："水是太初（arché），而地像一个木筏浮在水上。"必须说，这句话只为我们提供了很少的信息，而且也会让很多读者觉得莫名其妙。为什么水是太初？为什么一切物质变化来自于水？难道缺水的沙漠中的大小沙粒也来自于水吗？物质是什么意思？为什么水具有这样的魔力呢？还有，为什么泰勒斯说的这句话会被后人当成哲思的起源呢？

作为一切哲思的起源，单凭泰勒斯这句话是不够的。缺少一个融贯说明使我们理解哲学起源于这句话的意义。当然在提出这个质疑的时候，我们更想知道的是，为什么仅仅一句话在创造哲学知识的过程会引发如此巨大的反应。为了回答这个问题，我想先特别介绍下最初的三位哲学家。

找骂的人，泰勒斯

泰勒斯是一位各种知识都非常丰富的人，思考领域包含政治、工程、天文、旅游、数学、商业等。在政治方面，泰勒斯曾经是米利都一位活跃的政治家。他曾要求所有在爱奥尼亚地区的城市集结联盟共同对抗波斯的入侵。虽然最终泰勒斯失败了，没能阻止波斯征服各个城邦，但泰勒斯的理念对希腊城邦政治中牺牲少部分自由换取共同抵御外侮的观念产生了深刻影响。

　　泰勒斯也是位工程师。传说中他曾经帮助国王克罗伊斯（Croesus）建造了一条渠道，将河流分为两段，帮助部队通行。最为人津津乐道的是他曾经拜访过埃及，还利用一根直立的棍子，配合太阳的光线，测量出金字塔高度。同时他也深谙天文学，据传公元前585年他曾准确地预测过日食。他对于埃及人的几何学也有相当深刻的认识，并且运用容易理解的规则解决了一些难题，甚至还被人尊称为"数学之父"。

泰勒斯：
水是一切的本原。

　　亚里士多德也曾经记录了泰勒斯在商业上的成就。记录显示，他曾经通过观察天象猜测下一年橄榄将丰收，因此，他以低廉的价格在当年先预约了所有的榨油机，然后在橄榄丰收时期以高价转租，从而赚了一大笔钱。亚里士多德记录这段故事的目的很有意思，他强调这表示了哲学的用处。对我们而言，这则故事显示了泰勒斯在多方面的知识与技能。

　　前文提到，泰勒斯说过"水是太初，而地像一个木筏浮在水上"。这是一句非常重要的话，因为即使历史上不曾出现泰勒斯这个人，或所有有关他的描述都是捏造的，也不足以撼动这句话的价值。为什么呢？因为这句话包含了两方面的哲学重点：一方面是表象与本质的差别，另一方面则是一元与多元之间的关系。

表象的搜集，来自我们感官知觉对于外在世界的观察。在不同的环境、时间、对象与情绪中，我们会有不同的观察、记载、描述与记忆。因此，表象的展示，是分歧的、变动的以及转变的。在这些不同的展示中，我们会自然地去问，什么使得变化成为可能？这个问题的答案，必须具体，才能够展示思考的价值。如果答案不具体，我们只能体会表象所展示的分歧，却不能真正回答这个问题。泰勒斯则大胆地并且乐观地说，这个问题的答案，不但是具体的物质，而且就是我们生命必需的水。

"水"作为这个问题的答案，不能算是好答案，因为我们总是会情不自禁地问，是什么样的机制让水变成沙、泥、火、风、雷、电，等等。表面上，泰勒斯没有回答这些问题，但实际上，他要告诉我们的并不是这些问题的答案，而是这个世界的本原。所有生命都是各种不同因素的有机结合，但水是一切的起源与载体。在这个认知下，水就是一切生命的起源与必要成分。没有水不会有生命，没有生命我们无从察觉任何有机的组合。

水因此成为我们察觉外在世界呈现自然发展的主因，也就是那个使得多元世界成为可能的根本物质。我坦承，这是对于泰勒斯这句话的"善意的解释"，但它不符合任何人的经验，甚至直觉。我们一般人，看到的就是表象与它们所呈现出来的变化。认为水是一切的起源，不但违反我们的经验，没有证据，甚至背离我们一般认知何者为真的传统。从表面上看，泰勒斯说了一句"不真"的话，但我必须说，这里的"不真"可能比"真"更可贵。为什么？

　　有两方面的理由。首先，这是一个大胆的臆测，也是一句断言。这句话惹人骂，让人想批判它。然而，因为它是一句命题，说世界的本原就是"水"，所以批判他的人只有"是"与"不是"两种选择。因此批判泰勒斯这句话的唯一方式，就是提出另一个命题说这句话并不真。可是单单说这句话"不真"并不会增长我们的知识，最多只是承认无知。无知是最消极的，而承认无知等于拒绝思考。当然，拒绝思考是最不理性的态度。

　　其次，这是有关什么是"真"的问题。我请问，一切依照经验判断，处处讲证据，符合传统的方法追求的知识，就比较真吗？答案自然是否定的。因为我们时常发觉，经验、证据与传统的结合，刚好就是形成宗教的最佳组合。这种例子在历史上屡见不鲜，尤其在宗教情绪达到狂热的时期。

　　例如，对于一个相信上帝创造世界的人而言，他的经验会告诉他，日常所经验的一切都是有意义的。我们所看到的，都是上帝创造出来的结果。这些经验会察觉一些令人不敢置信的巧合。例如，气温合宜、物产丰富、环境优美、各种生物、人体结构，甚至自然规律等。这些察觉到的秩序，让相信上帝创造一切的人坚决地确认这些就是上帝存在的证明。传统也就因此而认为上帝不但存在，而且还时时刻刻以它的创造呈现、显灵，甚至爱护我们。

许多世世代代流传下来的"宗教真理"，就是在经验、证据与传统的结合下所生成，并且逐渐发展为不容挑战的"真理"。我必须强调，引用这个例子的目的并不是要否定宗教，而是说，通过经验、证据与传统建立真理并不难，只是这并不是真理，反而比较像教条。

以泰勒斯的才能，他不会不懂这个操作经验、建构证据、巩固传统的道理。但是，他不但没有这么做，反而还提出"水是一切之本原"这么一句违反经验，没有证据，而且毫无缘由的话。那么他的目的，难道不是寻找真理吗？他当然是在寻找真理，但他非常明白，真理是一贯的道理，而不是感觉中经验的变动。因此，他大胆地提出假设，让别人批判。我们可以用通俗的语言说，泰勒斯就是找骂，用挑衅的方式，让所有受他那句话吸引的人激发兴趣、感到好奇、展开批判。他的学生，阿那克西曼德就是提出批判的人。

科学奠基者，阿那克西曼德

可以想象，作为学生的阿那克西曼德，面对老师泰勒斯所说的"水是太初，而地像一个木筏浮在水上"时，会有什么感觉。他发现，泰勒斯在"邀请"别人批判他的理论。于是，他会依照这句话，问两方面的问题。首先，他会承认，我们在各处都可以看到水是生命的必需品，因为无论任何东西，它们的生成，或多或少都与水有关。但为什么水是本原呢？难道火、气、大地不是生命的必需品吗？泰勒斯依据什么理由作出这个选择呢？

我们必须说，相较常识而言，上面的疑问还是比较顺理成章的质疑，但针对那句话的第二部分"地像一个木筏浮在水上"而言，可以做的批判就更深入了。阿那克西曼德可以问，如果水支撑了大地，那么什么支撑了水呢？这时候，神话故事往往就进来了。例如，有的神话故事说水底下有一只大乌龟，乌龟底下有四只大象把宇宙撑了起来。这是神话故事，对于不信神话的米利都学派而言，这种说法只会导致无限后退，对于最后支撑的问题，可以没完没了地问个不停。

面对这个问题，阿那克西曼德知道，如果想要避免无限后退，还要以单一的物质解释宇宙的话，那么唯一的解决方式，就是发挥更大胆的想象力提出一个更完整的理论。通过这种思考方式，阿那克西曼德避免选用某种物质作为本原，然后说出了如下这段话："大地没有任何支撑，而是以距离所有事物等距的方式，维持静止不动；同时大地呈现鼓形，人于其上行走。"

我们必须说，这段话比泰勒斯的话更反经验、更反证据、更反传统。对于传统经验主义者而言，这全然是想象力的发

阿那克西曼德：
批判理性的起点。

挥，无从查证其真伪。可是，对于以理论取代理论的批判理性者而言，这可是"价值连城"的实例。原因不难理解，一方面阿那克西曼德以"等距"的方式解决要求特定物质的问题。同时另一方面，他也引用一个"无限"（Apeiron）的概念取代原来水在泰勒斯的理论中作为物质本原的功能。问题是，"无限"这个概念可以是物质吗？

我们承认，将一个像"无限"这种抽象的概念与水放在一起比较是困难的。但是，从物质一元论者的角度而言，这等同于将"水"的系统用"无限"的系统加以取代。重点是，两者依然延续了物质一元论的传承，只是习惯上，我们很难想象将"无限"这个概念加以物化的假设可以是物质，甚至可以是一切的本原。因此，我们可以说，阿那克西曼德是"青出于蓝"，比泰勒斯更大胆。

毫无疑问，大胆的假设将遭受更多的批判。阿那克西曼德的无限宇宙结构，固然解决了物质之间谁支撑谁的问题，但我们每天看到星星、月亮与太阳的事实，却让我们不得不怀疑，为什么它们都固定在我们抬头看到的这一边呢？为什么这些天体就不需要运用等距的概念让它们维持在固定的位置呢？为了回答这些问题，阿那克西曼德就提了一个更大胆的理论。

他说，大地像上下对称的鼓，呈圆盘状，四周被包裹在空气中的火圈所围绕。空气阻绝了火圈，所以原则上我们看不到空气外的火。但是因为空气中有一些喷火口，让我们看得到火圈，而这些

"口"就是我们平常所看到的星星、月亮与太阳。阿那克西曼德也因而以火圈移动的道理解释星星、月亮、太阳移动的周期。

我们当然可以说，这是另一个充满想象的理论，但"充满想象"并不表示它没有价值。事实上，阿那克西曼德的理论具有三方面的价值：第一，这是一个充满解释意味的理论，叙述了一个完整的宇宙结构，即使这个理论仍然有非常多的问题。第二，这是一个容易引发批判的理论，因为这个理论不靠经验只靠想象。第三，阿那克西曼德延续了泰勒斯的物质一元论。因为这个延续，所以批判理性的发展有了方向。在集结理论解释、大胆假设与物质基础三元素后，阿那克西曼德为科学发展铺下了第一块砖。

米利都学派的综合者，阿那克西美尼

阿那克西美尼是阿那克西曼德的学生，他追随米利都学派哲学家泰勒斯和阿那克西曼德的传统，思考有关宇宙学和气象学的问题。他的重要性不在于批判前两位哲学家，而在于将经验重新放回理论建构之中。毕竟，人通过感觉经验外在世界，并不全然依靠想象。

当泰勒斯说"地像一个木筏浮在水上"时，这句话的目的很明显，可以用来解释地震发生的原因。我们可以想象，对于前科学时代的人而言，地震在经验中会引发多么强烈的震

阿那克西美尼：
气比水更根本。

撼。阿那克西曼德的理论固然避免了"无限倒退"的问题，但我们对自然所引发的震撼也是不容忽视的。事实上，阿那克西曼德也不能只满足于建构宇宙论，也需要关注发生在地上的变化。这些变化中，包括日夜、风向、天气、四季、农作及人生等。阿那克西美尼的主要贡献就是从解释日常变化的角度响应了这些问题。

阿那克西美尼认为，阿那克西曼德以"无限"作为宇宙论的核心概念，让我们只能承认宇宙的无限性，却不能解释这个概念为什么存在。然而，出现在我们日常生活中的变化才应是需要理解的对象。于是，他提出如下物质解释宇宙的起源，那就是"气"（aér）。"气"比"水"更具有变化性，因此"气"是更为根本的物质。因为它可以通过各种不同的过程转变成其他不同的物质。"气"通过某种稀疏过程而成为火，通过某种凝聚过程而成为风、云、水、地和石。

从确立"气"为一切物质之本原后，阿那克西美尼提出他的理论，并同时解释大地与天体的起源。"气"经过长期凝聚作用，形成大地，呈扁平状，依附在气上面，而天体像一顶帽子环绕着大地旋转。同时，"气"也发挥稀疏的作用，形成各种火球，奔向天际，形成群星。日月则与此不同，虽然本质皆为火，但其生成来自"气"的快速移动。与大地类似，日月都是漂浮在气中的天体。

地震的原因来自太干或太湿。如果"气"过度稀疏，则大地会因为干燥而断裂。反之，如果"气"过度凝聚，反而造成过多的水，同样也会引发大地的崩裂。所有其他自然现象，例如闪电与彩虹，也都是因为气的状态发生变化而引发的。总之，阿那克西美尼将冷热变化用凝聚与稀疏作解释，然后再用"气"取代"无限"的概念。对于他而言，"气"不但是无限的，也包含运动与变化的可能。"气"让大地稳定，也让大地出现变化。

无论如何，阿那克西美尼的理论一方面延续米利都学派追求物质一元论的传统，而在另外一方面综合了泰勒斯与阿那克西曼德的理论，让日常观察与思辨理论维持在平衡点上。对于我们而言，阿那克西美尼的理论呈现出米利都学派的那种研究精神，先提出假设，经过大幅批判后，再进入综合妥协的过程。我们可以说，阿那克西美尼的贡献，在于将米利都学派的立场推向另一个极致，即用理论更完整地综合了所有的经验。

在追求形式知识（例如数学）的毕达哥拉斯学派（the Pythagoreans）眼里，这种完全以物质解释日常变化的哲学思维忽略了思考在辨别真假知识上的功能。虽然分属不同的地区（米利都学派在爱奥尼亚地区，而毕达哥拉斯学派在意大利南部），但从批判理性的角度而言，毕达哥拉斯学派崛起的原因，就是数学以纯形式的内容对于感官所察觉的现象进行批判的结果。长期以来，这个结果在哲学发展中一直扮演着重要的角色，直到今天也不例外。

二、毕达哥拉斯学派

罗素认为毕达哥拉斯是西方哲学史中最重要的哲学家之一。因为他确立了数学在哲学中的地位，以及数学在日常生活中应用的可能性。数学这个元素，也是导致毕达哥拉斯有趣的原因。他综合了数学与宗教这两种在表面上充满冲突的领域，而且是这个综合下的一位成功实践者。

在数学史上赫赫有名的勾股定理便是他发现的。在宗教上，毕氏深具神秘主义的特性，让他在生前即有各种传说，说他多次经历过灵魂转世。面对这样一位同时处理最理性的数学以及最迷信的灵魂转世的哲学家时，我们一时之间实在不知道应该如何理解他。从表面上看，这是一件不可思议的事情，数学与宗教、理性与迷信，怎么会结合在一起？

有两方面的原因：第一，毕氏的哲学起源于古希腊宗教奥菲主义（Orphism）。该宗教的教义就是灵魂不灭，而且人必须在世间不停地面对转世的命运。第二，虽然毕氏的哲学充满神秘主义特色，但这也是一种相当具有知识主义特色的哲学。毕氏将知识的真假，依照出世与入世两种不同的区分。在反对经验的变动不定下，

毕达哥拉斯：

数学与灵魂都是不灭的。

毕氏很明显地崇尚出世，鄙视今生。我们必须说，这两点的结合确实化解了毕氏哲学表面上在数学与宗教之间所呈现的冲突，更让我们将生活世界与理想世界连结在一起。

这个连结具有多方面的意义。首先是数学，数学包含两部分，数与推理。我们先谈谈推理。在贬抑现世、追求灵魂解放的奥菲主义理想下，毕氏认为从事数学推理的过程就是一种获得解脱、接触到不受限制的感觉。这是什么意思？从事数学推理就会得到灵魂解放的感觉，这不是胡说八道吗？

乍看之下，从事数学推理不就是学一门知识吗？这与灵魂能扯上什么关系呢？请大家静静地想一下，有没有过类似以下的经验：当你面对一道数学证明题时，你先是百思不得其解，想着想着，突然之间灵光乍现，你懂了，马上就知道答案是什么了。这时候，请问，你在推出答案前后有什么差别吗？你说你懂了、掌握答案了、得分了、高兴了。那么你身体中哪一部分发挥了这么大的作用，出现这么大的转变呢？绝对不是因为你看到了别人的答案，因为作弊不会出现这种胸有成竹一定答对的感觉。那么，是哪一部分呢？答案就是心灵发挥了作用，而心灵就是灵魂的一部分。

其次是数的概念。毕氏认为，所有的事物都是数。初闻这句话，让人不禁想到前苏格拉底哲学家的物质一元论又来了。虽然数是思维中的纯粹概念，但我们却不得不承认万事万物都有数量，因此虽然数并不指涉哪一种特定的物质，却可以当作万事万物的本原，尤其是数所呈现的规律。事实上，毕氏所强调的，正是音乐规律与数之间的关系。毕氏不但认为音乐旋律有其内在的秩序，可以通过数加以表达，甚至认为这些旋律还可以应用于治疗疾病。毕氏认为，基本上音乐家与数学家一样，都是针对这个原先就已有秩序的世界进一步发展出成果的自由创作者。

当然，这里所说的"秩序"，是只有通过心灵才能够掌握的秩序，并非感官知觉可以观察的。就如同数学的推理一般。对于音乐旋律的体会，等于是掌握自然中和谐的秩序。从这个观点而言，我们可以说毕氏将世界上不同的秩序合而为一，等于将物理学与美学结合在了一起。

我们接着说神学。当确定只有心灵力量才能察觉世界的秩序时，数学推理呈现什么呢？它代表理想的世界、绝对的真实，以及超越俗世的认知。在理想的世界中，我们才能谈到永恒性、决定性与超越性。数学不但符合这些特性的要求，也能够展示它的规则不是人所创造的结果。那么，如果数学规则不是人的创造，它们又是谁的创造呢？答案很明显，就是超越人的神。

这是很重要的神学观念，因为它要求的是每一个人都可以理解的数学推理。这也说明为什么后来柏拉图在吸收毕氏哲学之后，就不断引用数学作为哲学的基础，成为西方哲学中最重要的思想传统。我们甚至可以说，从毕达哥拉斯开始，数学与神学的结合为西方哲学的发展奠定了最核心的基础。

最后，我们要谈谈毕氏哲学涵盖意义最深的伦理学。在结合了数学、音乐与神学这三项因素之后，社会的高尚价值自然而然地归属于有能力并且有热情从事数学思考的人。这些人天生异禀，能够在神性知识中悠游，又不在意世俗的名利。他们从事的是思考性的工作，所以不会犯下因感觉经验所导致的错误。我们可以这么说，因为数学推理是纯思维的探讨，所以没有发生错误的可能。这个"不会出错"的事实，使得毕氏哲学不但坚定了反对感官的想法，还肯定一切出世的价值。

从数学、音乐、神学以及伦理价值四个角度介绍毕氏哲学之后，我们可以看到，许多至今依然占据重要地位的哲学思想，便是起源于毕氏这种突破经验、追求超越的理念。这是一项很重要的转变，因为自毕氏之后，由于柏拉图的推动，西方哲学中的理想主义传统长期占据领导地位。直到今天，这个理想主义传统依然是很重要的思想泉源。

三、爱菲斯学派

回到前苏格拉底哲学家的脉络中，我们可以发现，伴随着米利都学派所发展的批判理性，以及毕氏学派摒弃经验、独尊形式知识的结果，西方哲学史走上了深化的发展。深化的含义指的是批判前人思想的限制。米利都学者的限制在于从经验进行假设，却仍然以经验作为检验假设的依据，这陷入了知识缺乏有效基础的问题。

然而，毕达哥拉斯那种出世、以形式化知识作为唯一知识的想法，又全然否定了我们最为熟悉的经验。或许有人会问，否定这个瞬息万变的世界又有什么不好呢？答案当然是绝大多数人没有做好"出世"的准备。坦白说，只有"看破红尘"的人才能体会到出世的极乐快感。而多数人对于"身处红尘"却还都自得其乐。

那么，在出世与入世之间我们应该如何超越这个困局呢？答案就是经由"出世"的方式思考经验的本原。换言之，后来的前苏格拉底哲学家能超越前人，关键在于他们不再探讨物质作为本原的问题，而是直接针对本原提出问题。在这个问题中，第一个通过思想将日常现象的特性（即变化）提升为本原的哲学家，就是爱菲斯学派（the Ephesians）的代表人物赫拉克利特。

迸发的火种，赫拉克利特

赫拉克利特批评了米利都学派。他认为，如果物质从一种状态变成另一种状态，那么，转换的"过程"要比出现在变化循环中的物质更重要。阿那克西美尼对于变与不变所作的综合，也就是稳定的大地与日常变化的现象结合在一起时出现了一个问题：他无法解释变动的前后状态到底是相同的还是不同的。赫拉克利特强调，变化前后的对象事实上是相同的。

所有的改变，必然是"某物"的改变。从抽象的层次来讲，这里所说的"某物"，在任何情况中都是相同的。意思是说，变化远比我们想象得复杂许多。例如，"我"从小孩变成大人的过程中，有一样东西没变，就是"我"。可是，很明显，小孩与大人是两种完全不同的对象。这就是变化的问题。

赫拉克利特：
变化是唯一不变的本原。

这个问题是赫拉克利特哲学中最重要的部分。因为通过心灵的运作，这个问题不但让我们想到表象与实在的区别，也让我们注意到我们平常注意不到的地方。这也是为什么赫拉克利特说："真正的自然，喜欢掩饰自我。"同时，赫拉克利特在说完这句话以后继续说道："看不见的和谐，比看得见的和谐强多了"；"在表面上看似对立的事物，事实上，以及对神而言，是相同的"。从这几句话可以进而将赫拉克利特的思想分成变化、火烧、对立以及理性四部分加以说明。

赫拉克利特还通过一连串言简意赅的短句揭示自然。在这些短句中，最著名的有："万物皆处于变动之中"；"你不可能两次踏入同一条河中"；"每天升起的都是新太阳"。这些短句指向相同的意思：所有我们观察的对象都随着时间与空间的转换在不知不觉中改变。虽然变化确实是赫拉克利特哲学的重点，但这也只是一个起点。

表面上，赫拉克利特追随米利都派学者效法物质一元论，以

"火"这个概念作为物质的起源。火焰的特性，正好凸显"一切处于变动之中"的想法。火必然导致某物的消失，因此火对于赫拉克利特就像是一个比喻，说明某物的生成来自另一物的消失。反之亦然，某物之消失，必然来自某物之生成。

从这个观点而言，自然的转变，必然涉及相反的事物，例如冷和热、干与湿等。对于对立，赫拉克利特赋予肯定意义，并认为如果没有对立面的存在，另一方也将无法存在。若是没有对立，甚至宇宙亦不存在。因此，争斗是无可避免的，也是正义的；战争是正义的表现和所有事物的主宰。同时，在对立面的冲突中，有一种维持世界和谐的统一力量，其也是导致世界的表面之所以充满对立的原因。

因此，虽然强调一切是变动的，但赫拉克利特很清楚，在变动表象之下统一性是更重要的。赫拉克利特的想法让他就表面与真实做了明显的区分。在这个区分之下，他特别重视变化中的个体所呈现的短暂性与它们在变化过程中所维持的"统一性"。因此，赫拉克利特的统一性，就成为一种更为深刻的"不变"原则。在统一性之上，我们以为我们看到了变化，其实，变化仅是表象，真实的自然是不变的。

在抽象思维所推论的统一性里，所有的对立是虚幻的，而没有对立的事实才是真实世界的代表。赫拉克利特认为，这就是真理，超越人的认知，因而就是神。这也是人唯独依靠理性（logos）所能够掌握到的神性部分。因此虽然赫拉克利特从强调变化开始，但他最终否定了感官，强调理性，甚至引用神的概念，说明了他的终极命题：真实的世界其实是不变的。

我们必须承认，赫拉克利特是一个承先启后的人物。在承先方面，他延续米利都学派的物质一元论，提出"火"作为万物本原的观念。但是他并未完全把火当作一种物质，反而将其视为一个隐喻。火代表变动，但变动只是表面上的，心灵的力量告诉我们，表象永远不如理性所能掌握的内容那么真实。因此，赫拉克利特对于米利都学派提出了非常理性的批判。

对于后世而言，赫拉克利特的哲学有两方面的启发。首先，"理性才能掌握真实的存在"这个观念影响了巴门尼德的存在学。另外，变化中的对立最终会结合在"统一性"的观念为后来的多元学派铺下了道路。"对立只是表面，其实都是具有相同本质的元素的组合"，这个观念与原子论者以原子解释万事万物的本原想法有异曲同工之处。

整体而言，赫拉克利特在前苏格拉底哲学家中具有"转折"的地位。一方面，他延续了物质一元论，以火为万事万物之本原。同时，他也提升了思想的层级，以变化这个现象作为本原的比喻。在火与变化的连结中，赫拉克利特不但兼顾感觉与思维，也开启了超越观察依附抽象思维的传统。这个传统在伊利亚学派（the Eleatics）的努力中得到了极致的发展。

四、伊利亚学派

无知的人类，色诺芬尼

色诺芬尼（Xenophanes）与毕氏一样，都是出生于爱奥尼亚，然后前往意大利的哲学家。这种地缘关系，虽然让他们彼此交流思想，也引发相互批判。从哲学传统而言，色诺芬尼是赫拉克利特与巴门尼德之间的中继人物。赫拉克利特所提出的"统一性"，在色诺芬尼的努力下，进一步提升层级，超出凡人所能够认知的范围，甚至成为一切的主宰。他的学生巴门尼德更进一步发扬抽象思维的威力，不但肯定一切都是存在的，甚至说任何事物都不可能不存在。

在他们师徒二人的努力下，抽象哲学达到最高峰，进入宗教，甚至发展出针对"存在"进行讨论的存在学。色诺芬尼最主要的哲学贡献就是为一神论打下基础，并以这个观念嘲笑毕氏灵魂转世的观念。他曾经讽刺毕氏见人打狗就说"别打了，因为我从狗的叫声中听得出来这是一个朋友的灵魂"。从这个例子中，我们可以看得出来，色诺芬尼对于宗教的态度是非常理性的。他认为荷马所讲的希腊神话故事根本是捏造。因为神话中所引用的内容其实是人的故事，与神无关。色诺芬尼还说，如果狮子有手，能画画的话，那

色诺芬尼：
人只能说人，不能谈神。

么它们画出来的神一定像狮子一样。非洲埃塞俄比亚人画的神一定是黑人；北欧维京人画的神长相一定是金发蓝眼。

色诺芬尼用这些话说了三个重点。第一，人其实是无知的；他不仅不知道神长得如何，也无知于任何事情。第二，即使有的时候某人说了某些事情后来被证明是正确的，但这个人依然无知于为什么他知道这么说是对的。第三，所有我们能做的只是臆测。综合这三个重点来看，我们确实从色诺芬尼那里得到一个不能说神是什么、只能说它存在的一神论。但是在巴门尼德的眼中，一神论仍然不够深入，因为这不单是有关神是否存在，而是有关存在本身的问题。

抽象哲学最高峰，巴门尼德

巴门尼德（Parmenides）可以说是前苏格拉底哲学家中最具形而上学特色的一位，也可能是最著名的一位。主要的原因除了他的名字在柏拉图的《对话录》中成为一篇文章的篇名之外，更因为他的哲学内容以近乎无懈可击的方式创造了一个"完美的错误"，深深地影响以及困扰了西方哲学长达两千年的历史，也对科学的发展产生了评价不一的结果。

巴门尼德：
无不存在，存在就是存在。

最有趣的地方是，这么深远的影响，竟然完全来自思考的力量，让"存在"这个问题，从巴门尼德开始有截然不同于感官的理解。巴门尼德能产生这么大影响力的原因，来自赫拉克利特的统一性，以及色诺芬尼的一神论。在这两个"一"当中，前者告诉我们，表象与实在之间，我们应当摒弃感官所察觉的现象，选择思维中才会出现的实在。而色诺芬尼的一神论，告诉我们一个逻辑上的问题，也就是永远不能以偏概全，宣称自己的想法是真理。换言之，人是有限的，永远不能掌握无限；如果有人执意如此宣称，那他就犯了逻辑上的错误。

面对赫拉克利特与色诺芬尼的哲学，巴门尼德用他下面的两段话，提出了划时代的改变：

> 你不能，也无法知道，任何"不存在的东西"；甚至不能说它是什么，因为说出它，等同于说出我们所想的，而这就是存在于意识中的东西。
> 怎么会有"变成什么"？或者，怎么会有"从什么变来"？如果是"从什么变来的"，那它原来不存在；如果是"变成什么"，那它变后也不存在。因此，"变成什么"就消失了，而也没有听过"从什么变来的"。

我必须说，用中文翻译这两段话，并不容易。这两段话中，第一段话包含两部分，一是逻辑，二是想象中的存在。逻辑上，我们当然不能也无法知道"不存在"的东西。但这里，所谓的"不存在的东西"是连想象都想不到的东西。我们平常会觉得存在是可以看得到的，但看过后的东西就成为记忆存在于我们的意识之中。巴门尼德说的"存在"，包含狮身人面的动物，因为我们可以想象这种生物存在，甚至还可以知道它的像在哪里！

第二段话是否定人拥有决定东西是否存在的能力，而这其实就是否定变化的存在。当我们说"老鼠跑了，变不见了"，我们知道，这只老鼠依然存在，只是眼下看不见了，所以原先说的"变不见了"的"变"只是脱离视线，但依然存在。如果再引用前一句话中的"想象存在"的话，那么存在不但不会改变，而且只要是存在的东西就必然存在。因为存在的理由来自被想的可能性，这个可能性不是哪一个人可以决定的，而是思维推理的结果。因此，从存在的角度而言，根本没有变化。

巴门尼德哲学的关键在于，人是有限的。所以，人看到的都是有限的，皆为经验的。存在呢？从巴门尼德的哲学而言，存在是思维的，是应用语言，说出来的结果是用来沟通的。这两者之间，含义不同。前者需要通过经验加以检验，后者则是任凭语言自我翱翔。前者有一个大致的客观性，而后者完全肯定叙述的主观性。巴门尼德肯定了后者。

存在与否不是人能决定的，因为人本身的存在也是被决定的。那么，"存在"是谁决定的呢？人甚至无法知道这个问题的答案，因为人只知道，"凡是存在的，必然存在；凡是不存在的，必然不存在"。所有能够表述的名词都存在,也包括我们回答"无是什么?"如果我们说"无是空虚",那么,这表示"无"存在,就是"空虚"。巴门尼德的理由是,只要能够用系词(例如是、有、为或在)加以叙述的名词,就是存在的。如此,我们就可理解,为什么巴门尼德会说"无不存在,皆为有"。

我们再进一步用人、事、时、地、物的例子,说明巴门尼德的哲学。对一般人而言,如果我们问孙悟空与文天祥哪一位比较忠于国家时,答案极有可能是一个个白眼,不知道你在问什么。但是如果我们问你知不知道《西游记》里的孙悟空与作《正气歌》的文天祥时,这个问题的答案可能就会比较具体。这也就是说,在提供背景后,我们知道"孙悟空"与"文天祥"分别指的是什么人。孙悟空是一只本事很大的猴精,而文天祥是一位忠于国家的知识分子。这么一回答,纵使我们可以坚持认为孙悟空是虚构的,而文天祥是历史上有名的真实人物,但就"是否存在"这个问题而言,他们两者都存在。为什么?

因为他们两者都有意义,都可以用系词叙述这两个人的存在(孙悟空"是"本领很大的猴子,文天祥"是"爱国的知识分子)。对于巴门尼德而言,语言的表达并不能帮助我们区分虚构人物与真实人物。其实,语言甚至不能帮助我们在过去与现在之间作区分。即使我知道他们都是以前阅读学习来的角色,但一旦我说谁"是"什么,我所表述的仍然是我当下的感觉。语言这个呈现意义与不分时空的特性，立即让我们理解，只要是用思考、理性以及语言探讨存在的问题时，我们只能预设赫拉克利特所说的"统一性"，也就是说，"能存在的，必然存在，否则，必不存在"。

其他诸如事、时、地、物都一样。我们不能否认"姜子牙封了神"这件事情存在；我们不能否认"时间发生之前的时间"存在；我们也不能否认"极乐世界"存在。当然我们也无从否认"长生不老药"的存在。为什么我们不能否认这些一般人都会否认的人、事、时、地、物的存在呢？答案很明显，就是巴门尼德的观念，凡是能够被思考、被赋予意义、被叙述的东西，都存在。

事实上，也的确如此。对于存在与否的问题，我们会以为，亲身接触的事实具有某些认定存在的特别地位，其实不然。存在必然就是一种状态的叙述。无论说的是记忆、感觉，还是精神的状态，我们都必须承认，在叙述的过程中并没有任何区别存在与不存在的标准。因此，存在是统一的，只要是语言能表达的，思想能考虑的，没有可能不存在。

因此，巴门尼德在一开始就提出了一个完全不同于其他哲学家的观念：没有变化。当一般人感觉变化在日常生活中无所不在时，巴门尼德却以"没有虚无"这样一句深具物理学意义的话回拒了变化的存在。在看了他的理由之后，我们不得不承认，巴门尼德的确是一位极具创意的哲学家。他的论证使得自他以后，西方哲学一直饱受"没有虚无"的困扰。至此之后，若是想要合理地解释现象中的变化，哲学家必须依赖想象，假设所有的变化是观察下的错觉。多元学派因此而生。因为他们认为，所有看起来会变化的事物其实都是不同元素的组合。元素本身是不变的，变化来自我们在表面上所观察到的结果。

五、多元学派

多元学派（the Pluralists）是巴门尼德否认变化之后产生的哲学流派，他们不能再谈变化了，因为变化前后的虚无并不存在。但是作为思考现象的人却又不能说眼前看到的都是假的。为此，多元学者必须发挥想象力，假设一些不变的元素，它们变化的结果是我们察觉变化的原因。在多元学派学者当中，我们主要介绍两位哲学家，恩培多克勒与阿那克萨戈拉。

四行说的起源，恩培多克勒

恩培多克勒（Empedocles）是来自西西里的哲学家。一般认为，西方通行的四行说：地、水、气、火之起源，来自恩培多克勒。这四项元素，不但是最根本的，也是不变的。它们之间的不同组合，构成我们所见万事万物的差异。它们之间的聚集与分离，形成我们所见的变化。有的变化涉及增长，也有的变化导致减少。无论如何，这说明变化只是表面，事实上并没有什么虚无让变化得以成立。

　　四行说是恩培多克勒提出来的形而上学架构，但在前苏格拉底哲学家的理性思辨传统中，这可是需要经过理性检验的，尤其是关于这四种元素如何聚集与分离。在这个问题上，恩培多克勒充分发挥了他的想象力。除了四种元素之外，他又提出了宇宙中的两种力量：爱与恨。在这两种力量中，爱使所有元素结合，而恨使它们分离。这是不难理解的想象，因为我们总是在平安无事的时候认为万物和谐相处；但当我们看到自然灾害时，总觉得大地无情。因此，爱与恨是两种特别的力量，不是让所有元素和谐相处，就是造成它们相互冲突。问题是，有了这些假设之后，恩培多克勒需要解释，如何经由元素的结合与分离产生万物。

　　恩培多克勒做这种解释，不但需要进一步发挥想象力，还必须能够提出一些看法。这些看法在后人的眼中，有些是属于科学的内容，有些则是纯粹的臆测。例如，恩培多克勒就提出了一些科学观点，其中包括空气的存在、月光是反射的光、离心力以及日食的原因等。在物种生成的方面，恩培多克勒提出类似于物种演化的观念。他认为，所有的元素，在组合的过程中出现了各种可能性，其中包含长得奇形怪状的人，甚至是阴阳

恩培多克勒：
四行说（地、水、气、火）的起源。

同体的人。不过最终，因为不能适应外在环境的关系，这些在我们看来奇怪的物种都消失了。

在宗教方面，恩培多克勒在毕达哥拉斯的影响下相信灵魂转世。他认为，灵魂存在于一切事物之中，这也说明了为什么在轮回中，人、动物与植物都有可能交互转变。因为这个缘故，恩培多克勒鼓励素食。他也对有智慧的人给予非常高的评价，认为这些人掌握了生命中的秘密，将脱离轮回，进入永生。

雅典圣地缔造者，阿那克萨戈拉

阿那克萨戈拉（Anaxagoras）是前苏格拉底哲学家中第一位将爱奥尼亚的哲学传统带到雅典的人。这是一个很重要的历史事件，与日后的哲学发展息息相关。主要的原因有三点：第一，阿那克萨戈拉是雅典民主制度鼎盛时期，受领导人伯里克利（Pericles）的邀请，在雅典讲授哲学的第一人。第二，阿那克萨戈拉的哲学直接影响了柏拉图与亚里士多德，让原先属于哲学贫瘠之地的雅典一跃成为西方哲学的圣地。第三，阿那克萨戈拉在雅典30年（公元前462—公元前432年），不但见证了雅典由盛而衰的命运，最后也因为其坚持批判理性的态度，不被社会接纳，被驱逐出雅典。

阿那克萨戈拉：
万物皆相互包含，只是多少而已。

阿那克萨戈拉的地位与他所处的政

治环境息息相关，特别是雅典的民主制度。雅典于公元前508年在人民革命后建立了直接民主的制度，这个制度壮大了雅典的公民团体，并且分别于公元前490年与公元前480年两度击败波斯的入侵，成为全希腊地区最强大的海上霸权。此后的50年中，在伯里克利的领导下，雅典进入黄金时期，不但留下民主政治的见证，也在文艺、戏剧、建筑、雕塑上达到至今依然为人津津乐道的高峰。

只是好景不长，公元前430年伯里克利逝世时，雅典已开始了与斯巴达长达27年（公元前431—公元前404年）的伯罗奔尼撒战争。雅典的溃败、投降不但终结了雅典的帝国梦，也为民主带来了负面的结果。雅典人开始怀疑，外国人与本国人是否效忠于国家。在哲学家中，受驱赶的外国人就是阿那克萨戈拉，而本国公民受迫害的主要代表人物就是我们在下一讲中要介绍的苏格拉底。

阿那克萨戈拉虽然与恩培多克勒一同被归类于多元学者，但因为两个概念，他提升了哲学的发展：连续性（continuum）与心灵（nous，mind）。阿那克萨戈拉面对的问题，同样是因为巴门尼德那"虚无不存在"而导出的没有变化的推理。换言之，阿那克萨戈拉必须回答为什么我们会"看到"实际上不存在的变化。相较于恩培多克勒以四种元素的组合决定一切表象的变化的思想，阿那克萨戈拉提出"连续性"的概念。

"连续性"这个概念，依然强调元素为万物本原，但并不指明是哪一种元素，只统称它们为"种子"。种子是永恒的，无限多的，以及不变的。所有元素的连续发展让它们混合在一起，在我们所看到的个体中，包含了各个种类的元素，其中也包括对立的元素。例如，黑色与白色的元素都存在于白雪中。因此，个体所呈现的单一性质，只是某一元素所占的比例较高的表现。这种所有元素都存在于所有个体中的观念，初步解释了为什么所有个体在一段时间后会变成完全相反的状态（例如，雪融化后会变成黑色）。

阿那克萨戈拉在提出"连续性"概念之后，进一步面对的问题是，什么力量让这些元素聚集与分离？他提出了一个非常有革命意义的概念：心灵，也可以称为理性。最重要的是，阿那克萨戈拉认为，心灵是独立存在的支配力量，让万事万物，包括宇宙的秩序，因心灵而得以存在。心灵也给予生命变化成为可能的力量。但心灵本身是纯粹的，不与任何事物掺合在一起。总而言之，心灵就是使得生命、运动以及结构成为可能的原因。它使得万物生生不息、宇宙天体不舍昼夜运行。对于阿那克萨戈拉而言，这一切都像是一台巨大的机器，但都是心灵运作的结果。

阿那克萨戈拉的哲学，对于后来的哲学发展起了连结的作用。虽然我们将他归入多元学派，但他的"多元"其实也可以通过一元的观念来理解。不但"连续性"这个概念为原子论的发展铺下了道路，心灵的概念也为后来亚里士多德的哲学启发了更多的灵感，成为解释因果的基本原因。

六、原子学派

　　原子学派（the Atomists）包含两位哲学家，一位是留基伯，另一位是德谟克利特。留基伯是米利都人，但生平事迹远不如德谟克利特那么明确。德谟克利特是较北边特拉斯省（Trace）的阿贝德拉城（Abedra）人。将留基伯与德谟克利特放在一起介绍，表面上看起来像是一个偶然的做法，事实上在理解原子学派的思想中是有意义的。原子学派有一个基本命题，那就是"原子在虚无中碰撞"。这一句简单的话，有着深刻的含义，不但让我们肯定"虚无"的存在，也表明了原子论的基本立场。

　　在对前苏格拉底哲学家的介绍中，往往以对原子论的思想介绍为终点，结束自然本原的讨论，转向以伦理为讨论主题的苏格拉底。这个终点包含三个层面的意义：第一，原子论的基本立场大致固定，德谟克利特的思想可以作为一个代表。第二，原子论突破了所有前苏格拉底哲学家在经验与思维上所缔造的成果，提出了一套在经验上无法察觉，在思维上也不能融贯的立场。第三，原子论的基本观点导致多种与现代科学极为相似的观点产生。

存在论的批判者，德谟克利特与留基伯

　　第一，德谟克利特的基本立场。正如所有原子论者一般，德谟克利特相信，万事万物皆由无限多个小到不能再分割的粒子组

成。这些粒子是物体，所以不能毁灭或改变，只能移动、碰撞、融合与分离。因为原子的运动功能，所以原子论者肯定了存在于原子之间的虚无，是其运动所需要的空间。原子有种类、形状与大小的区别，并因为这些特性，决定了万物的形状。原子具有"不能再分割"（Atom）的特性，而这也是原子得名的由来。

在原子论的基本立场上，德谟克利特进一步以涡旋的力量解释原子的运动与碰撞。因为这种力量，原子组成各式各样的个体，最终形成世界。对德谟克利特而言，这种力量可以形成无限多个世界，每个世界都有自己的太阳与月亮，有的多有的少。在这些世界中，有的世界逐步成长，有的世界逐步衰败，还有的世界因为与其他世界相撞而逐渐毁灭。

另外，德谟克利特认为，原子有不同的形状，是其组成外表不

德谟克利特：
虚无存在，而且原子在其中碰撞。

同个体的原因。在结合过程中，有的个体产生冷热、味道与颜色等性质，但这些性质却不是个体实在的部分，而是我们运用感官所造成的结果。真正在原子的结合中呈现的是重量、密度与硬度。对于德谟克利特而言，原子的结合包含一切，包括火与灵魂。

第二，原子论者在经验与思维上的突破。我们说过，在巴门尼德之后的前苏格

拉底哲学家中，没有人可以合理地说明变化存在的理由。这也导出一个经验上的问题：我们在日常现象中所观察的"现象"是哪来的？在这个问题上，阿那克萨戈拉提供了一般公认的最佳答案：心灵。心灵透过理性"观察"了外在世界，却不是外在世界本身。原子论者以原子在虚无中碰撞这一假设，同时否定了巴门尼德与阿那克萨戈拉。

我必须说，原子论者在否定经验与思维的过程中，不但没有什么理由，而且根本就是假设的结果。他们假设所有经验察觉的事物都是由看不见的原子所组成的，但原子本身又是物质的。这是怎么得出来的呢？怎么会假设有一种物质完全不能在经验中被察觉，却仍然是物质的呢？这些问题的解答，集中于原子论者对巴门尼德的批判。

巴门尼德的哲学告诉我们，宇宙中没有不存在的东西，所以宇宙就是一个扎实的个体。这个个体不可分割、不会变化，也不会毁灭。我们曾经说过，巴门尼德哲学在逻辑上是很完备的，因此我们必须承认，这个理论基本上是正确的，也必须在这个前提下接受思维对我们所产生的最大挑战：虚无不存在，因此变化不可能。原子论者在面对这个挑战时，只有两个选择：肯定或否定巴门尼德的哲学。他们选择否定巴门尼德的哲学。

对于留基伯而言，如果想要挣脱巴门尼德思想的限制，他只有一种选择，就是虚无存在。如果不这么做，拘泥于巴门尼德哲学之

留基伯：

万物皆由不可见的原子组成。

中，等于接受一个永恒的真理，这无异于屈服于一个极为强大的教条之中。我们相信，在批判理性的发扬下，原子论者选择做出"虚无存在"的假设。一旦做出这个大胆的假设，接下来的一切都会变成一种完全不同的哲学。

最大的改变，就是宇宙从极大变成极小，从包含一切变成一颗原子。原子论者注意到，大与小只是两个相对的概念。无论宇宙有多大，但如果它是一个没有虚无的实体，那么从更大的视角来看，它只是一颗大球。然而因为它并不是无限大，而只是一颗包含一切存在的有限大球，所以在无限的视角中，它只是一颗球，甚至是一颗内部没有变化的球。那么谁说只能存在"一"颗球呢？在无限的视角中，当然可以存在无限多个可能宇宙。它们之间就是为碰撞与变化提供空间的虚无。

极大与极小概念应用的结果，就是原子论产生的理由。这个理由听起来神奇，却不失理性的推论。其中最有趣的是，虽然我们看不到原子，但经验是观察世界的唯一依据，而在经验中变化无处不在。因此，原子论者坚持"虚无存在"的依据，来自经验中可以察觉的变化。他们认为，如果变化存在，那么虚无必然先存在。令人感觉好奇的是，他们所假设的结果，竟然是经验中完全察觉不到的原子。

第三，原子论者的立场包含了如下四种与科学息息相关的立场：唯物论、机械论、决定论与无神论。首先，唯物论是很明显的立场，因为原子论者坚持唯一存在的"物质"就是原子，没有其他的东西。至于机械论，则是因为原子的碰撞是机械式的，没有任何其他的原因可以解释这些碰撞的理由与过程。这个立场的结果就是决定论，意思是指，原子的碰撞决定一切事物的生灭。最后，我们可以看得出来，这是一个无神论的立场，也就是说原子论的唯一信念就是原子在虚无中碰撞，没有任何其他更高的力量或主宰。

我想没有人知道为什么原子论者会在违反思维与经验的情况下做出如此大胆的臆测。从表面上来看，原子论者已经超越经验，令我们无从检验他们的理论。这也难怪，无论在哲学史还是科学史中，原子论的命运极为坎坷，不曾被视为主流意见。这是完全可以理解的，因为在重视思维的古希腊传统中，巴门尼德的哲学确实占据主导的位置，让后续的哲学家难以接受原子论的立场。原子论历经长时间的沉寂，却慢慢在现代的科学中重获重视，扮演着主流思想的角色，至今犹然。

七、批判理性原则的奠基人

前苏格拉底哲学家大致可以分为两类，分别以爱奥尼亚地区与意大利南部地区为代表。在这两个地区中，爱奥尼亚地区的哲学家比较强调理性思辨，而意大利南部地区的哲学家则颇具神秘色彩。在我们的介绍中，无论是从物质与形式的对立，或是变化与不变之间的对比，甚至在多元学派之中的阿那克萨戈拉与恩培多克勒之间，都明显体现出这种因为来自不同地区而导致的思想差异。我们必须坦承，为什么这两个地区会出现不同的哲学风格，不是我们能够回答的问题。但是在批判理性的发扬中，这种思想风格的差异，却也使哲学在科学精神与宗教想象之间不断地寻找发展的方向。

科学与宗教的对比除了为哲学的自由发展提供最佳材料之外，也充分地显示出前苏格拉底哲学家的乐观精神。从泰勒斯到德谟克利特这近两百年间，前苏格拉底哲学家发展出多个学派，并且以批判前人的思想来深化哲学的内容。我们必须说，批判理性的发扬，不但解释了前苏格拉底哲学家的特殊性，还为后人追求进步的方向提供了最完美的借镜。

同时期，没有任何其他地区留下类似的批判传统，尤其是介于泰勒斯与阿那克西曼德之间那种几乎用"邀请"的方式所引发的批判。或许有人会认为，这种诠释前苏格拉底哲学家的方式，是以批判理性"美化"此一哲学的做法。他们会说，毕氏学派就不是一个鼓励批判的宗教团体，推崇的多是类似教条的宗教信念。这其实是局限了批判理性作为方法论的价值。

基于事实与规范，前苏格拉底哲学家大多肯定批判理性的原则。前苏格拉底哲学家运用批判理性是事实，而这个事实对于批判理性的发展起了示范效用，成为哲学思维的规则与模范。这是一种方法论，可以形成问题意识，让我们融合背景知识，对于促进知识进步的目标能够提出扩大认知范围的问题。解决这些问题的方式是没有限制的，即使是对变动不定的感官知觉，提出像数学这种形式的知识作为批判经验的做法，同样也是批判。

实际上，以数学推理或模型当作批判其他知识的观念，在今天可以说是司空见惯。我们不就经常认为工程师的知识扎实，不但超越人云亦云的信念，也不依附约定俗成的习惯。工程师的知识依靠的是数学模型的推理，也就是不与人事牵扯的"硬道理"。这个道理之所以"硬"，就是因为它那举诸四海皆准的特性，成为当代一项批判日常经验的利器。不过这也不代表数学模型就是真理，因为工程讲求的是应用，而应用当然需要考虑日常的经验。

无论如何，重点是批判，不是哪一种方式才是正确的批判。毕竟，知识进步的关键不是我们都有的经验内容，而是大胆的假设。只有通过大胆的假设，我们才会拥有解释一切的完整理论。当然，这些解释会不会因为在过度想象中失落于充满神秘主义的假设立场中，又成为我们需要应用经验进行批判的对象。因此批判理性包含了两个重要的部分：大胆假设，理性批判。

这两个部分，完全体现在前苏格拉底哲学家的论证之中。虽然此时不断地产生许多可以用来响应现代科学的理念，但我们并不能因此而肯定前苏格拉底哲学家的价值。某个传统因为包含一些现代科学理念就被认为是伟大传统的这种想法成立的理由，极有可能是偶然的。在追求知识持续增长的过程中，落实批判理性，并因此而期待我们终将能够发现真理，则成为共识。

在接下来的历史发展中，西方哲学出现了阶段性的转变。人，这个在赫拉克利特、色诺芬尼以及巴门尼德眼中不能拥有真实知识的有限存在者，在富裕、乐观且自信的雅典社会中，成为一切知识的认知主体。在诡辩学派与苏格拉底的努力下，不但人成为知识追求的主角，连带地也使得与人息息相关的伦理问题成为一切哲学讨论的核心。这是一个从自然哲学转向伦理学的改变，也是科学与哲学的区分。在这个区分发生的过程中，唯一没有改变的，就是批判理性的运用。

第 三 讲

诡辩学派与苏格拉底

摘 要

诡辩学者与苏格拉底是一组对立的哲学家。诡辩学者代表一群唯利是图、漠视真理的伪善学者，苏格拉底则是正义与真理的化身。这个强烈的善恶对比，是柏拉图刻意创造出来的图像，但它对后世的哲学发展，尤其是伦理道德的方向产生了关键的影响。在本讲的前半部分，我们对于诡辩学者采取同情式的理解，认为他们并非全然"诡辩"，依然有其重要的哲学贡献。不过即使有其哲学贡献，他们的理念也的确与苏格拉底的哲学呈现强烈的对比。我们在分析苏格拉底的生平、人格、方法与伦理思想后，认为睿智如苏格拉底者，依然踽踽独行于追求真理的大道上，虽然勇于与诡辩学者展开辩论，却仍坚持着自己的无知。

一、无正义可言的雅典社会

讲到诡辩学派与苏格拉底，就不能不谈古希腊时期雅典这个城市，以及它在公元前 480 年后所缔造的光辉历史。这一年，雅典的公民团结一致，在海上击败了波斯人的第二次侵略（第一次侵略是著名的马拉松战役，发生于公元前 490 年）。这一场胜利，奠定了雅典民主政治五十年的辉煌，也带来哲学教育的蓬勃发展。

其实，我们对于民主政治不应该抱有太大的幻想。人有天生的不平等，智、愚、贤、不肖的人居住在民主城邦中，久而久之会因为财富累积的差别产生对立的阶级。这种对立的现象，伴随着权力、经济的发展日渐激烈，往往造成富裕的少数与贫苦的大众共同生活在同一个环境中。民主制度的自由发展，使得阶级的对立不仅显示为经济上的差异，也呈现出知识的高低、道德认知的差异，甚至对国家基本立场的不同。

雅典社会中，有经济能力，并受过教育的人，会以知识丰富的启蒙者自居，区别于知识程度较差的一般大众。这种知识上的差距，很巧妙地转变成为如何面对传统的态度。往往自诩为启蒙者的富有阶级，对于传统采取批判的立场，而较为弱势的阶层，则倾向于维持传统的保守立场。这种差别，在以雅典民主政治为傲的公民群体中，逐渐转变为对国家宪法的支持与否定的问题。

毋庸讳言，这种情况几乎会发生在所有的民主社会之中。但是，很特别的，实施直接民主政治的雅典在这个问题上绝对比任何其他社会都更激烈一些。雅典的民主制度，因为小国寡民的缘故（全盛时期雅典有约 23 万公民），所以不仅官员可以轮流当，即使有争议时，决定判决结果的法官也由抽签产生。就像今日英美法系的陪审团一般，这些官员与法官都没有经过训练，也没有法律知识。我们可以理解，这种法官其实就是一群不否认他们拥有偏见与情绪的公民。

最有趣的是，雅典当时没有今天的律师制度，所以每一个公民都必须亲自出庭。公民不但要为自己辩护，还必须能有当场说服法官们的口才。在这样的情况下，雅典当时最受人推崇的能力，就是如何通过语言说出能够说服他人的演讲。这也使得训练一般人如何讲话、增进口才成为社会最重要的教育；教授这种能力的人，也就成为社会最受欢迎的人。这些人，就是柏拉图所说的诡辩学者；其实，他们的真实名称应当是"教师"，其中也包括苏格拉底。

对于我们这样一个处处讲求公平的社会而言，雅典的制度明显在偏袒口才好的人，所以看似不公平。但是如果退一步想，今天这个处处视考试为公平的社会，不就是另外一种明显偏袒会考试的人的不公平社会吗？无论如何，在雅典这样一个既富裕又讲求口才的社会中，自然而然就有越来越多关心子女教育的人将孩子送到类似今天补习班的机构，专人教导孩子们讲话的技巧。这些被高薪聘请的教师，来自世界各地，其工作与今日名师无异，都是教人拥有社会中最有实用价值的能力。目的只有一个，就是在需要这种能力解决法律问题时，能够发挥所学，说服法官，赢得诉讼。

这种主流价值在今天发挥的结果，就是金榜题名；在雅典，就是获得胜诉。如果只问结果，不谈过程，那么今天令人羡慕的对象自然就是榜上有名的人；在雅典，就是赢得法官认可的人。至于说成绩好的人能不能深刻掌握知识，或是赢得胜诉的人是不是真的符合正义，反而成为没有人在意的问题。这种只重结果忽视过程的现象，使得苏格拉底怀疑重视修辞、懂得说服他人，是违背正义的想法。因此，在他看来，诡辩学者的所作所为是不符合正义的。

二、柏拉图眼中的诡辩学派

西方哲学史中的各个派别里，争议最大的是诡辩学派。单从"诡辩"这个名称，我们就可以听得出来，这不是一个正面的称谓。在谈论诡辩学派所引发的各种争议之前，我必须先强调，诡辩学派并不是一个真正的学派，而是柏拉图在他的《对话录》中，针对我们前面所谈到的雅典的情况而归结出来的一批学者。对于柏拉图而言，除了苏格拉底以外，所有在雅典教人演讲的哲学家都属于诡辩学派。柏拉图在《诡辩学者》这篇文章中，提到他对于诡辩学派所作的定义，他用理性"捕捉"诡辩学者，表达他的立场。

> 很明显，我们应该马上有能力分辨出这个只顾及表象的技能，并在治丝益棼的网络中，不让诡辩学者逃离，依照秩序掌握他们，将其带到最能够捕捉思维的理性面前，宣称抓到他们。如果诡辩学者遁入模仿的技艺，藏匿其中，我们将再次分辨他们，并尾随其后，在模仿中抓到他们。对于他或所有其他人，我们用的方法都一样，任何人都无法成功地逃离。（235 bc①）

从这段话中看得出来，柏拉图认为诡辩学者是很狡滑的。他们打着传授知识的招牌，教导的都是与真理无关的演讲技巧。为了拆穿诡辩学者的诡计，柏拉图用理性为工具，以诚信为原则，指出诡辩学者的伎俩。

柏拉图说，诡辩学者是以教学为名，实际在博取富裕年轻人的心，并且以谋利为主的职业教师。他们贩卖的东西徒具知识的表

---

① 本书中柏拉图选文的出处，都是根据由法国古典学家 Estienne（Stephanus）于 16 世纪为柏拉图全集编的页码，现通称为斯特方页码（Stephanus pagination 或 Stephanus page number），方便学术上的引述及参考。

象，其实多为自己复制的"知识赝品"。因此，诡辩学者以不诚实的态度制造似是而非的理论，其目的并不是要厘清问题，而是通过混淆视听的方式在争议中取得说服他人的机会，并以此作为吸引人注意的方法。

当然，这些基本上都是柏拉图在《对话录》中对于诡辩学者所提出的指责。他提出这些指责时，有一个特别的目的，就是凸显苏格拉底的伟大人格。柏拉图认为，苏格拉底教学不收钱，言必谈及追求真理的方法，一切以道德之核心及正义为主轴，并以这些成就为哲学的定义做了最具代表性的示范。长期以来，柏拉图的观点是历史上的主流看法。

柏拉图批判诡辩学派的论点，对后来哲学的发展有着深远的影响。大致来说，这个影响有两方面：一是实际的影响；二是抽象的影响。实际的影响是柏拉图让我们反对任何人为的价值，包括地位、声望、财富与外表等。抽象的影响是柏拉图让我们崇尚所有不变的真理，如真、善、美、圣等抽象知识。柏拉图这种为理想不顾现实的理念，对于某些人有特别的说服力，尤其是那些生活环境优渥的人。拥有名利的人才有可能看淡名利，但对于那些不像柏拉图那么幸运的人呢？

柏拉图不但坚持道德理想主义，还认为这就是真正的哲学。他这么做不打紧，问题是他在综合各家之言后，为后代人指出了一条道德哲学的方向。然后他以近乎天才的文笔与思考，理性化了他的道德哲学。从此，哲学家在背负着"道德"的盛名下，与世俗价值分道扬镳，成为淡泊名利的代表。

我并不想在这里说柏拉图哲学的问题，但我想说说哲学家被赋予这种"道德使命感"的无奈。作为智慧之学，哲学原本既无方向，也无特定内容，遑论加以理性化之包装。哲学以思想为唯一方向，其实包含所有言之成理的内容。无论现实还是抽像，都是不分高低的方向。我不否认现实与理想是两个不同的方向，但这个"不同"绝不代表优劣高低之分。

同样，哲学的讨论固然包含人伦考虑，但道德高尚的讨论与道德低下的讨论，都是哲学讨论。重点不是高低，而是人。为什么人对于外在世界会有价值高低的判断呢？为什么人在偏好崇高道德的同时，又乐于接受现实利益呢？我在这里不针对崇高道德与现实利益的好坏做评价。我只想说，哲学最大的优点，不是别人告诉你应该做什么，而是你自己告诉自己应该做什么。不这么做，与活在教条中无异。

整体而言，柏拉图认为，诡辩学者具有六种不同的身份。第一种，猎取富裕年轻人人心的收费人；第二种，制造学问的输出者；第三种，市场中学问的贩卖人；第四种，虚假学问的制造人；第五种，对争议乐此不疲的竞争者；第六种，追求假象的人。简言之，诡辩学者就是悖论的制造者，用论述反对其他论述，努力颠覆所有知识，并以让所有专家哑口无言为乐。

柏拉图说，没有人什么都知道，所以诡辩学者能够让一切专家哑口无言的能力并不是奇迹，而是他企图假装成什么都懂的专家。诡辩学者对待他的学生，正如同大人在远距离对小孩展现一切事物的影像，然后告诉这些小孩，这些影像都是真的。在这种情况下，我们只能说，诡辩学者不是真实的追求者，只是假象的制造者。同时，为了获取最大的商业利益，诡辩学者完全以吸引人注意为要。因此，这些假象经常是扭曲的、虚假的，甚至是幻觉般的。

三、柏拉图"罔顾事实"的批判

柏拉图就是从道德理想主义的观点批判这一批在雅典以教授演讲技巧为业的学者。现在，让我们看看柏拉图在批判时过于武断的地方。首先，就教授哲学收费这件事来说，不得不指出，柏拉图过度理想主义了。为什么哲学教师就必须免费教学，不能收费？毕竟，并不是每个哲学家都像柏拉图一样出身贵族。那么他有其他理由吗？因为哲学不能教？还是因为教了也等于白教？

柏拉图认为，真正的学问必须是发自内心的学问，不能因为任何外在因素（例如金钱），让推论受到限制。对此，我们可以说，金钱本身并非罪恶，导致罪恶的是那沉溺于金钱而迷失方向的心灵。拥有健康的心灵，其存在的价值必然是能够适度处理一切与生活相关的价值。因为收费而否定任何与金钱相关的思想活动，是罔顾事实的结果。在今天这个讲求效率与实用的社会，这种想法只会引发一般人对于哲学工作者嘲弄的偏见。

柏拉图认为，诡辩学者所说的学问，都企图引用逻辑悖论混淆视听。他告诉我们，要谈真实，就必须要追求真实的自我呈现，而不能只停滞在真实的表象。他说的不错，但任何人都理解，没有人可以规定所有人都必须追求理想世界中的真实。有更多的人期待在日常生活中拥有真实，而不是在形式的推理中拥有真实的理念。

或许我们可以说，在那个追求绝对真理的时代，柏拉图式的理想确实为严格的道德生活提供了思考的方式。可是，在今天这个情况完全不同的社会中，我们注重当下的生活，强调实际的环境，虽然不反对超越实际的理想，但必须尊重许多人厌倦于规范式的要求。柏拉图批判诡辩学者的过程，留下强烈的规训意味，让人感觉不自在，甚至觉得受压迫。问题是，理想必定是绝对的吗？不能相对于现实情况略作参酌的考虑吗？

谈恋爱就是一个好例子。很多人在等待好对象，而压抑自己坠入情海的激情。这是一般的想法，也不难理解，但我无法想象有什么人会以绝对的态度，看待这种盼望理想伴侣的渴望。一般人真实的做法，就是在理想与现实之间取得平衡。只要大致符合期待，感觉上也还不错，这极有可能就是一场轰轰烈烈爱情的起点。没有人能够担保爱情的结果一定甜美，但这种风险不也正是人生最实际的特色吗？

我们应当承认，许多人需求的，不是绝对的真实，而是真实的感觉。绝对的真实带来的永远是坚持对错的激烈争执。真实的感觉，因为不以绝对真实自居，所以总是能够相对于外在环境的变化做出适当的调整。这种适当性的认知，虽然远不如柏拉图哲学那么具有说服力，却是我们日常生活中最具体的一部分。否认这一部分，等于追求超越人伦的价值，但这却在柏拉图的鼓励下成为追求理想的道德勇气。

对于柏拉图而言，哲学是一个努力不懈的过程，而维持追求真理的动机就是这份努力本身。诡辩学派的思想不能够算作哲学的理由有三点：第一，他们从事对话的目的是完全可以外化的金钱。第二，语言存在于修辞中的意义，只是为了提供真实的感觉，而不是真实的本身。第三，他们缺乏持续追求真理的精神与勇气，这展示了诡辩学者不道德的态度。我们必须说，这三点结论确实显现了柏拉图与诡辩学者的不同，但却不能因此而否认诡辩学者所从事的工作也是一种哲学工作。让我们在下一节中，以"辩士"的名称，介绍两位柏拉图心目中的诡辩学者。

四、两位辩士：普罗泰戈拉和高尔吉亚

很明显，"诡辩学派"这个名称是负面的，而且柏拉图对于这批人的指责也相当严厉。问题是，这些严厉的指责，当中包含多少

真实性？其实，就普及哲学教育而言，这些在雅典受大众欢迎的学者，让后人注意到了语言与感觉的关系，并为哲学做出了重要的贡献。为了便于展示这项贡献，我们称这些学者为"辩士"，目的在于强调他们的确是懂得辩论的知识分子。"辩士"这个比较中性的名词，有助于我们从现今的观点提出新的诠释。我们会从柏拉图的著作中挑选两位辩士来做说明。一位是公认的最有名的辩士普罗泰戈拉（Protagoras，公元前 490—公元前 420 年），另一位是号称"辩论学之父"的高尔吉亚（Gorgias，公元前 485—公元前 380 年）。

（一）最具影响力的普罗泰戈拉

普罗泰戈拉跟德谟克利特一样，都是来自阿布德拉的学者，但是两个人的境遇迥然不同。德谟克利特提出的原子论因为无法在经验与思维上获得多数人的认同，以至于被斥为无稽之谈。普罗泰戈拉的修辞技巧则在富裕及好讼的雅典社会中广受欢迎。我们甚至可以说，在同期的哲学家中，真正具有影响力的，是普罗泰戈拉而非苏格拉底。

普罗泰戈拉是有名的辩士，广受欢迎，他曾经与他的学生之间发生过一段著名的故事。这段故事就表面上来看像是柏拉图所描绘的诡辩学者为了贪图金钱无所

普罗泰戈拉：
相对主义有实用价值。

不用其极，甚至对自己的学生提出诉讼，对簿公堂。实际上，这个故事所表现的是逻辑上的悖论，我们也因此明白文字的表达会影响思维状态的发展，让我们对于一件原先确认的事情产生另外一种截然相反的判断。从以下这段故事中，我们可以清楚地看出这个故事所包含的逻辑悖论。

欧提勒士的逻辑悖论

普罗泰戈拉的学生欧提勒士（Euathlus）曾经求学于普罗泰戈拉门下，学习修辞学。普罗泰戈拉与欧提勒士约定，学成之后，欧提勒士第一次获得胜诉的律师费归普罗泰戈拉所有。在立约之后，普罗泰戈拉立即向法院提起诉讼，控告欧提勒士应当付这笔诉讼费给他。普罗泰戈拉论证，如果欧提勒士赢了这件案子，他应当依照约定将第一笔胜诉费付给他。如果是普罗泰戈拉本人赢了这件案子，依照其控诉要求，欧提勒士应当付钱给他。当普罗泰戈拉正洋洋得意之际，聪明的欧提勒士却提出了相反的论证。他说，如果他赢了本案，将不必付普罗泰戈拉任何金钱。如果普罗泰戈拉赢了本案，他将依照先前规定，因为未学成修辞学，所以不用付钱给普罗泰戈拉。无论如何，欧提勒士都不用付钱给普罗泰戈拉。

这是一个非常有趣的案例。表面上，这个故事表现了辩士只会逞口舌之能，贪图金钱。从崇尚道德的角度来看，柏拉图骂得很对，因为这些辩士最终的目的就是钱，什么理想也没有。但是，如果我们发挥一点创意思考，仔细想一想，可以发现这则故事不是有关道德的问题，而是语言中的逻辑问题。语言中包含了思考，可是在表达的过程中，却因为使用语言的习惯，使得我们的言谈出现了意想不到的结果。通常我们称这类结果为悖论，也就是，完全矛盾的事情竟然可以同时为真。

这种情形可以用在辩论的场合，让人哑口无言。举例来说，如果某人盛气凌人又得意洋洋地说："我帮助天下所有不能解决自己的问题的人解决他们的问题。"这时候，你若在旁边听到这句豪语，大可问他："那么，你能够帮助自己解决自己的问题吗？"如果他说"可以"，那么基于他"只能帮助不能解决自己问题的人"的缘故，所以他不能帮自己解决问题。如果他说"不可以"，那么固然他符合了自己说的话的要求，但也其实已经"承认"他不能帮自己解决问题。在这两种情况中，这个豪情壮志的人，会因为陷入悖论的陷阱感到懊恼不已。

这是诡辩的典型例子，也是一个重要的哲学问题。相互矛盾的两句话，可以同时为真。辩士所引用的例子更多，但基本上是以呈现类似的悖论为主。在逻辑学的发展中，这些悖论引发了许多讨论。其中最重要的就是悖论颠覆了一句话可以代表一个事实的理论。悖论引发的问题是，一句话不可能同时既代表一个事实又不代表这个事实。因此，悖论让我们不得不注意，语言所代表的世界确实比我们实际生活的世界丰富太多了。

荒唐的相对主义

普罗泰戈拉最著名的一句话，来自柏拉图的《泰阿泰德》（Theaetetus，152a）中的记载："人为衡量万物之尺度；说 X 是什么，X 就是什么；说 X 不是什么，X 就不是什么。"对于追求客观真理的柏拉图而言，这句话荒唐极了。这句话的意思是说，每个人都可以依照自己的感觉决定外在事物的真假。这种因人而异的真假，不但没有价值，还会因为个人的坚持引发拒绝沟通的可能性。这可不得了，因为混淆真假是头脑不清楚的问题，而拒绝沟通等于否定语言，也无异于将人的地位降到动物的层级。

由于柏拉图的批判，长期以来，相对主义都是哲学中的"恶"，不值一顾。相对主义者认为，我所做的判断，与你所做的判断，具有同等的价值，都可以为真。宗教、传统、风俗、习惯往往决定我们的判断，而相对主义者认为，无论哪种判断，它们相对于做判断的人而言都是真的。柏拉图斥责这种观点为无稽之谈，是不理性的看法。在这个问题上，他接受色诺芬尼的"一神教"观点，认为只要是从人的角度所做的判断，都不会是真的。只有从超越人的角度所做的判断，才是真的。

其实，这种"真实"的认定，可能是更荒谬的。我们是人，若不从人的角度做判断，还能够做出什么判断呢？假设有一个超越的主体存在，然后就依照这个假设说判断来自这个超越主宰的观点，但如何证明这是一个超越所有人的"真实判断"呢？再者，色诺芬尼的一神论，是思考下的产物，不是生活中的事物。我们必须问，肯定日常生活就是不理性吗？拥有安身立命的生活常识有什么不好？号称拥有举诸四海而皆准的知识专家们说的规定、决策、处置与办法，一定都是对的吗？他们可以扮演"神"的角色，拥有等同于客观真理的知识吗？面对这一连串的问题，我们必须说，除了偏好抽象思维的人之外，大多数人都是肯定日常生活的，并且以依附常识作为生存要旨。

普罗泰戈拉就是这种人的代表，他是重视生活感觉的哲学家。他认为，我们依靠信念、感觉、常识、生活与日常经验存活下来，而且没有任何事情比活着更真实。因此，与人生活相关的事物才是真实的；人本身就是衡量真理的标准。人总是针对世界中什么为真什么为假有不同的看法，这些看法之间有差异，但这不是缺点，只是反映出人人都有自己的偏见、价值、看法与见识。相对主义的价值，就在于为人与人之间的差异提供了表达机会的同时，也争取到为这些不同意见进一步交流的可能，成为多元社会成长的关键。

不被理解的实用主义

普罗泰戈拉的哲学不仅具有实用价值，本身也是很深刻的实用哲学。从道德理想角度来讲，普罗泰戈拉的风格极尽无耻，令人不敢苟同。柏拉图的苛责，不无几分道理，尤其他批判普罗泰戈拉的目的是彰显苏格拉底在哲学层面上不同于这些以贩卖口才能力为业的人。这是可以理解的，但问题是，普罗泰戈拉令人不满的事实代表他一定错吗？不见容于当代的人，永远都得不到后世的平反吗？历史上有太多的例子显示，不见容于当代的人往往是具有远见的人，甚至是对现世感到失望的人。

普罗泰戈拉的策略是实用的。他不谈高调，也不降低水平。过度谈高调，则曲高和寡，无从吸引人，尤其是年轻人；水平过低，则庸俗难耐，不能获得精英的青睐。普罗泰戈拉知道他企图吸引的人知识程度较高、经济条件优渥，多是以道德启蒙者自居的人。这些社会精英热衷于求新求变，总喜欢以社会的启蒙人士自居，不喜欢墨守成规，尤其不喜欢遵循道德上的教条。在一个政治民主与经济富裕的社会中，普罗泰戈拉选择与精英为伍，还有另一个重要的理由。

普罗泰戈拉所从事的哲学工作，应当以道德为主还是以知识为重？如果是前者，那么我们无从得知目前的道德价值哪一天会变成不道德的。我们可以想象，才不久前，我们还在教育中强调规训与惩罚；现在，我们都说，教育应当讲求循循善诱，自我启发。以前要求人奉守的三纲五常，现在早就不知成了什么，取而代之的是人人平等、互为主体，凡事讲求将心比心。谁知道过几天会不会出现新的道德理念？

总而言之，道德是会变的，而唯一不会变的是对真理的追求，也就是知识的成长。普罗泰戈拉选择的是知识的成长，所以他并不在乎同时代人的道德考虑。从实用的角度，普罗泰戈拉寻找任何适合他追求知识成长的手段。因此，他所做的，迎合了当时雅典的价值，吸引了值得吸引的人，让哲学成为社会精英瞩目的对象。我们必须说，哲学的实用精神，不只是追求知识的手段，也是超越道德判断的思考方式。

（二）辩士学之父高尔吉亚

高尔吉亚是西西里人，与普罗泰戈拉齐名，被称为"辩士学之父"。他最主要的能力，就是将看似弱的论证经过辩论转换为强。高尔吉亚用论证改变一般人对于一件事情的原有成见，并很自信地认为，辩论学是说服所有人的学问。高尔吉亚甚至认为，字词的声音运用巧妙的话，具有类似药物的作用。药物能够改变身体的状态，而话语能够改变心理的状态。高尔吉亚的信念，来自他的存在学。相较于巴门尼德认为一切都存在的存在学，高尔吉亚则认为一切都不存在。

高尔吉亚这么说是有目的的，因为他想颠覆一切既定的印象与日常价值。达到这个目的的前提，就是强调一切都不存在。他的论证如下：首先，不存在不可能

高尔吉亚：
语言可以操控一切。

存在，否则违反矛盾律（既不存在又存在）。那么存在呢？存在可以分为"自我长存"以及"因它而存"。如果是前者，那么存在无所不在，也就等于没有任何可能指出"它"在哪，这也就等同于不存在。若是因它而在呢？那么那个"它"是另外的存在吗？这又形成一个无限后退的情形。因此，无论如何，高尔吉亚都成功地颠覆了我们对于存在的认知。

其次，高尔吉亚并不以此为满足，因为他进一步从知识论的角度，论证我们根本就无从知道存在是什么。他认为，我们的心灵决定存在状态时，这个状态根本就与存在无关，因为这个状态来自某人的心理活动。由于我们总是运用心灵思考存在的问题，所以心灵中的任何状态都不是我们理解下的存在。因此，我们无从知道存在是什么。

最后，高尔吉亚再提出他对存在致命的一击：即使我们知道存在是什么，我们也无法告诉其他人存在是什么。我们能够向别人说的，不是什么东西，而是言说。凡是说出来的，就不是事物，仅是代表这件事物的心灵状态。例如，当我看到雪时，我会告诉没有见过雪的人说："雪是白色的。"这"白色的"，不是真实的存在，只是我心灵中的概念。其实所有我说的、交换的、讨论的、辩论的都是概念，并不存在。但是，想要理解他人心灵中的概念是不可能的。

高尔吉亚的存在与知识论相结合，导致三项原则：第一，什么都不存在；第二，即使有存在，我们也无法知道它是什么；第三，即使能知道存在是什么，我们也无法告诉旁人这是什么。在这三点上，高尔吉亚强调，这个世界中的一切是说出来的，是受情况影响的，是情绪与传统所塑造的，是可以经由言说而改变的。我们看得出来，高尔吉亚非常巧妙地将辩士学与他的哲学结合在一起，并且身体力行地用来颠覆社会中一切既定的道德价值。

高尔吉亚最高难度的挑战，就是为特洛伊战争中的海伦——斯巴达的皇后——所进行的辩护。大众认知中，与特洛伊王子帕里斯私奔的海伦，是战争的肇祸者，是该谴责的对象。但是高尔吉亚认为，海伦私奔这件事情，如果不是她的责任，那么她就不应当受到谴责。他以海伦在私奔时是否具有自由意志作为论证的基础，并以神意、强迫、爱情与言说四种情况，解释海伦的所有动机。

高尔吉亚指出，如果是神意，那么海伦无法抗拒。因为自然告诉我们，强者必使人屈服，而神意是最强的力量。如果海伦是被强迫前往特洛伊的话，则受谴责者应当是强迫者，而非海伦本人。如果是爱情驱使她，那么正如同神意一般，爱神的意旨也是海伦无法抗拒的。最后，来到高尔吉亚的好戏：言说。

高尔吉亚认为，如果是言说说服了海伦，那么它可以轻松地为海伦卸下所有的骂名。语言是极为有力的主宰，能够以最小的力量获得最大的胜利。语言像药物一般，可以让人害怕、痛苦、欢乐、多情。语言可以操控人的心灵，并且说服一切人。海伦也一样，在面对语言时，她只能被说服，没有选择不被说服的自由。

在精心论证下，高尔吉亚总结道，海伦的一切作为，并不是来自她的自由意志，因此海伦不必为发生战争负任何责任。这是令人印象极为深刻的论证，让柏拉图在注意高尔吉亚的言说技巧下，写出《高尔吉亚篇》。在这篇对话录中，高尔吉亚非常得意地告诉苏格拉底，辩士学不仅"动口不动手"而已，也是一切的"主宰之学"。只要能说服所有人，无论他们从事什么行业，都将臣服于懂得辩士学的人。

苏格拉底反问高尔吉亚，如果他从事修辞学的唯一目的就是说服他人的话，那么如果遇到同样懂修辞学的人，他们之间一定会起言语上的争执，在这个时候，他应当怎么做呢？他会甘心被别人说服吗？他会为说服他人而不择手段吗？他会坚持己见吗？

苏格拉底利用这个机会，表明了他与高尔吉亚的不同。对于以说服他人为傲的高尔吉亚，所有努力的唯一目的，就是无论真假对错都要说服人。苏格拉底则说："我是这种人，如果我说假话的时候，乐意被拒绝，但听到有人说假话时，我也乐意拒绝他人。"（458a）

苏格拉底认为，没有人可以忍受像错误信念这么大的恶。毫无疑问，苏格拉底的立场是道德的，因为他确信，哲学讨论的基础就是不断地发现真理，而获得真理的唯一方法就是承认错误。高尔吉亚的修辞学以说服他人为要，并不在乎是否拥有真理。对于苏格拉底而言，这种态度，既不重视真理，也不担心出错，实在不应该，应予以批判。批判的结果，不但构成了苏格拉底哲学的核心，也是后世认为苏格拉底在西方哲学史中开启了"伦理学转向"的关键。

五、最伟大的哲学家：苏格拉底

我们今天认识的苏格拉底，其绝大多数的印象、思想、个性、传奇，都来自他的学生，伟大的哲学家柏拉图的记载。柏拉图对待老师的方式很特殊，就是在类似剧本的《对话录》著作中，经常以苏格拉底作为与其他人对话的主角。对话的题材很广泛，场景却很逼真，人物也都记载得很翔实。这些特点，不但增加了对话内容的可信度，还因为对话人一来一往的辩论特质，使得许多关于德行、正义、伦理、道德、国家、法律的讨论，不但成为读者的思考对象，而且引发了读者参与对话的念头。

苏格拉底：
逼人承认无知的牛蝇。

学生对于老师言行所做的记录，原先在哲学史中不可能具有今天这种"超级"地位，但在柏拉图睿智与巧妙的安排下，凸显了苏格拉底所创造的三种独特情况，使得苏格拉底脱颖而出，成为西方哲学的导师。首先，他是实际应用对话方式传递哲学思想的第一人。其次，他是从"自然哲学"转向"道德哲学"的第一人。最后，苏格拉底是因哲学而殉道的第一人。

在这三个"第一"中，第一点成为苏格拉底最重要的哲学贡献，他的"诘问法"成为一种获得知识的方法。第二点造成西方哲学从自然哲学转向以人性为主的"伦理学转向"。第三点，苏格拉底这么一位有智慧的人，居然在雅典的民主制度下被判死刑。这个事实，成为他生命中最突出的传奇，并因此让人不得不反思政治对人的影响。

为哲学殉道

苏格拉底生于公元前469年，卒于公元前399年，享年70岁。虽然没有留下著作，但是他的思想和生活方式对跟他同时代的许多人产生了深刻的影响。通过柏拉图在其早期的著作中对苏格拉底的描述，他的言行成为后代哲学家的灵感和观点的主要源泉。

苏格拉底是西方哲学史中公认的最伟大的哲学家。原因有很多，但最主要的有两项。第一，他把先前所有有关自然本原的讨论拉回到讨论人性本质的问题。这是哲学史上第一次明显的分野，称为"伦理学转向"。第二，他有一位伟大的学生，那就是著名的柏拉图。在柏拉图的笔下，苏格拉底被描述成为一位半人半神的哲学家，拥有极高的道德特质，总能够通过对话以及诘问的方式让对话者的思想提升到承认自己错误的境地。

因为伦理学转向与柏拉图这两项原因，使得我们对于苏格拉底的生平知道的既少也多。说少的原因是，苏格拉底连对自己的思想都没有任何记述，更遑论生平介绍。说多的原因是，柏拉图一直不断地用对话的方式告诉我们，他的老师是一位多么懂得使用语言的人。苏格拉底不断地质疑每一个对话对象，尤其当这些人宣称自己知道什么事物的时候。因此，对我们而言，苏格拉底究竟是一位怎样的人物，并不重要，重要的是，在柏拉图的笔下他是一位什么样的人。

纵然如此，但是从历史资料中我们可以确信如下七点有关苏格拉底生平的信息。

1. 苏格拉底毫无疑问是古希腊雅典城邦的公民。我们在前面提到过雅典的政治制度，并因此可以理解，苏格拉底拥有雅典公民这个身份所具有的历史价值。

2. 苏格拉底花了很多的时间在雅典的广场上与人辩论、对话，讨论各种哲学问题，尤其是有关道德、正义、德性与善良等方面的伦理问题。

3. 苏格拉底为年轻人教导哲学，让他们通过学习了解存在的意义与作为一个人应有的价值。

4. 苏格拉底作为哲学教师，不同于诡辩学者，是不收学费的。

5. 苏格拉底曾经被审判过，而且在雅典的人民法院中为自己辩护。结果并不成功，苏格拉底被判死刑，但他毫无畏惧，从容就义。公元前399年他被执行死刑，喝毒酒身亡，死时享年70岁。

6. 苏格拉底在古希腊雅典城邦是一位很有名的人物，有非常多的学生，并留下了很多日后广为流传的事迹。著名的戏剧家阿里斯托芬（Aristophanes），曾经在苏格拉底生前写过一部嘲弄这位伟大哲学家的戏剧《云》。这部戏剧的主要内容，是把苏格拉底当成一位与诡辩学者无异的演说家，而苏格拉底本人也知道这部戏剧的存在。

7. 我们很确定地知道苏格拉底所处的时代是雅典城邦相当混乱的一段时期。他被处决的那一年，是雅典在伯罗奔尼撒战争中败给斯巴达（公元前404年）后的第五年。

在这五年中，斯巴达一度废除了雅典的民主制度，改立专制君主制度，成为雅典城邦受到最大屈辱的一段时期。雅典城中民怨沸腾，大多数公民都认为导致国力衰弱的人，都是那些不顾国家安危的知识分子或思想家。在这段时期内，虽然雅典很快恢复了民主制度，但第一个受邀进入雅典的外邦哲学家阿那克萨戈拉，却在民粹的气氛中被赶走，而最伟大的本土哲学家苏格拉底，居然在民主制度下被判处死刑。

没错，雅典是一个民主城邦，讲求平等主义，每一个公民都有法律所规定的权利。苏格拉底虽然是雅典公民，活在这个平等社会，却偏好与知识分子来往，其中许多人来自贵族阶级。苏格拉底强调知识，并注重获得知识的重要性与困难，他不但要求人们对于追求真理进行深刻的思考，还特别强调道德知识的追求。他认为，获得正确道德知识的过程，类似一个人学会一项技能（例如学做木工），费心学习之外，还要反复练习，才能学好这门技艺，做一个有德的人。

苏格拉底实践道德知识的模拟，让他认知道德的理解与道德的作为是相辅相成的。不认真求知，不会有正确的理解，而未能付诸实践的理解，也无法真正活用道德知识。因此，苏格拉底特别强调从生活实践学习，并否定一般人认为的依附传统价值就能够拥有道德知识的天真想法。否定传统价值这一点，后来为苏格拉底招来杀身之祸，因为旁人认为，这个强调个人认知的观念对雅典的政治制度构成了威胁。这也是为什么虽然他在雅典法院做了精彩的辩护，但以公民组成的陪审团却怀疑他的政治忠诚，判处这位哲学导师有罪，处以极刑。

在法院为自己辩护的过程中，苏格拉底面对三位法定公诉人。他们在苏格拉底定罪的诉状中，指出苏格拉底犯的错误里并没有"不忠于国家"这一项，但是在公民大众所面对的国恨家仇中，雅典当时出现了一股诡谲的氛围，总想找个代罪羔羊出出气。这个人其实不好找，因为哪个人不懂得明哲保身呢？可是这件事偏偏发生在苏格拉底的身上，使他成为为哲学殉道的第一人。原因无他，正是因为苏格拉底人格中的两项特质：说真话，不怕死。

被控诉的苏格拉底

　　苏格拉底的死，不但是一个充满传奇性的事件，也可以说是西方哲学的另外一个起源。这个事件充满传奇性的原因在于柏拉图展现出苏格拉底从容就义、毫不惧死的豪情壮志。同时，这个事件在柏拉图的笔下，一直不断地作为《对话录》中讨论正义、政治、法律、宗教甚至死后世界的背景。这些话题跨越了人与神、自然与超自然、今世与来世、现实与理想，为柏拉图的哲学提供了最佳的材料。

　　我们进一步来看，柏拉图笔下的苏格拉底是一个什么样的人。一般公认，柏拉图早期的对话录比较贴近苏格拉底的言行。作为一位天才哲学家，柏拉图的记载让我们觉得，苏格拉底不但将诘问法运用得极为自然，而且处处展现出极强的道德说服力。阅读柏拉图《对话录》的过程中，读者看不出吹捧的感觉，做作的虚假，只觉得在欣赏一个辩论的天才如何将志得意满的对话人，通过一问一答，逐步导向承认无知并渴望求知的境地。在感受到这种启发的过程中，极少有人还会在意于这里所描述的苏格拉底究竟是真实的还是杜撰的，只对于能够亲炙这么一位智者而感到雀跃不已。

　　最能够凸显苏格拉底人格的对话录，就是柏拉图的《辩护篇》。这是苏格拉底在人民法院中，为自己被公诉人所控诉的罪名进行辩护的"对话实况"。虽然这篇对话写得非常生动，但是我们今天知道，《辩护篇》的内容是柏拉图在当场聆听苏格拉底辩护之后几年的回忆之作，极可能有失真之处。即使如此，也不能掩盖柏拉图在写作《辩护篇》时，想要以最贴近历史的方式重新呈现苏格拉底在自我辩护时所做的论证。从这些论证中，我们也可以间接地看出苏格拉底的人格。

苏格拉底被控诉的罪名，主要是亵渎神灵以及颠倒是非，并且以这些错误作为误导年轻人心灵的教学内容。这只是表面上被控诉的罪名，实际上真正的理由是苏格拉底与雅典城邦的贵族阶层走得太近。的确，苏格拉底在雅典的学生，大多来自比较优渥的阶级，有一些甚至在民粹人士眼中是破坏雅典制度的元凶。属于富裕阶级的公民，往往因为教育程度较高，自视为社会启蒙者，勇于挑战传统的价值与僵固的制度。在太平盛世，这种差别仅止于表面，可是一旦国家陷入存亡之境时，这种对立就会演变成为相互的仇视。

这就是苏格拉底被起诉的真正原因。因为在雅典城邦中，只要被多数人认为有罪，被告就必须面对法律的制裁。根据雅典的法律，被大多数人定罪后，被告可以自己提出低于死刑的建议，由法官决定是否接受此建议。如果法官认为公诉人所定的罪与被告人自己所建议的惩罚合乎比例原则的话，被告可以免于一死。所以，当时对于苏格拉底而言，他应该提出一个具有实质意义的惩罚方式，能够被民选的法官视为恰当的惩罚。

苏格拉底当时给自己的惩罚，是人人都出得起的30密那（Mina）。我们今天无从知道这个数目的实际购买力，但我们从事件脉络中知道，这是一笔很小的数目，因为这是所有苏格拉底的学生都付得起的惩罚金。这个自己提议的罚金数额之少激怒了法院，反而使得更多人直接认定苏格拉底有罪，被判以死刑。

这些生动的描述告诉我们，苏格拉底不但无惧于被判死刑的可能性，甚至还有赴死的心理准备。从柏拉图所描述的论证中，可以看得出来苏格拉底以自信的口吻面对了三位公诉人，他们分别是一位政客阿尼图斯（Anytus）、一位诗人马里图斯（Meletus），还有一位演说家力恭（Lykon）。他们三位共同提出的控诉是，苏格拉底有罪，因为他不膜拜国家所膜拜的神明，并且还引进其他神明，同时他还蛊惑年轻人的心灵。

对于这些指控，苏格拉底一如往常地回答，他并没有妖言惑众的能力，而他唯一拥有的能力就是说出真理的能力。他要求公诉人原谅他的直言不讳，希望他们能够接受他讲话的方式。

苏格拉底首先说，大家对于他的认知有积非成是的误解，但这些指控却与他本人毫无关系。在雅典大家都相传有一位叫苏格拉底的人，谈天论地，并且总是能够混淆视听，让人把坏的东西当成好的。苏格拉底说，这些流言比正式起诉他的理由更可怕。最可怕的是，除了阿里斯托芬的剧作之外，他不晓得这些对他仇视的观点从何而来。因此他强调，他并不诋毁神明，也不是一位教师，更不像诡辩学者以收取高额学费为业。

苏格拉底接着说，德尔菲的神谕曾经问过世界上有没有比苏格拉底更聪明的人，答案居然是没有。苏格拉底承认，这个答案让他很困惑，因为他觉得自己什么都不知道的同时，自忖神明应该不会说谎。于是，他曾经拜访过其他有智慧的人，想了解有没有质疑神明出错的可能。他曾经尝试问过一位政客，这位自认为聪明的政客在经过交谈后，被苏格拉底发现其实并没有智慧；结果这位政客对苏格拉底产生了恨意。以同样的方式，苏格拉底又问了诗人、技匠，经过交谈后，苏格拉底同样发现他们的智慧其实都不是真正的智慧。

为此，苏格拉底制造了许多敌人，但他毫无畏惧，并且断言只有神才是智慧本身。通过这句话，苏格拉底表明，所有人的智慧其实都是虚幻的。在法庭中，苏格拉底对大家说，所有指责苏格拉底的敌意，指责的并不是他这个人，而是用这个名字来说所有的人。"苏格拉底"这个名字，只要是指人，我们立即就会知道这个人，其实不管叫什么名字，他的智慧都是空虚的。不但如此，苏格拉底还强调，他一生的职责，就是让冒充拥有智慧的人面对真实。实现这个志向，不但占去了他绝大多数时间，且让他一生过得非常贫穷。他坚持认为证明神谕中的内容是他一生的责任。

曾经做过军人的苏格拉底，有特别强大的责任感。对他而言，怕死是缺乏智慧的表现，原因是没有人知道死亡会不会带来更高的善。既然他认为从事哲学思考是神明所赋予他的责任，他就不会轻易地推卸这个责任。苏格拉底强调，如果因为害怕被判死刑就停止进行哲学思考的话，等于是将维持生命放在履行责任之上，而这是他不应该做的事情。他应该遵从神谕而非人民的意见，只要有一口气在，他就不会停止实践以及教授哲学，劝告任何一个他遇见的人从事更高、更深与更真实的思考。作为一个公民，苏格拉底服膺他的义务，就是履行神赋予公民的责任。

因此，苏格拉底开始对所有控诉他的代表说，如果杀了他，他们对自己所加诸的伤害远远超过对他的伤害。他说，没有人可以伤害他，因为坏人不可能真正伤害一个比他更好的人。他不否认他们具有杀害他、放逐他，甚至取消他公民权的权力，但这些以行恶为出发点的权力，对于他的善而言，并不会构成真正的伤害。最后，苏格拉底公然宣布，他这些话，不是讲给自己听，而是讲给法官听。他像是神给予国家的一只牛蝇，到处螫人，杀了他，很难找到第二个像他这样勇于挑战一切的人。

在说完自己面对国家的责任时，苏格拉底拿出个人挑战国家制度的勇气，大声宣称，没有任何诚实的人在政治中可以活得长。无论是在民主制度还是在专制制度下，只要威权的运作不合法律的要求，那么正直的人必然容易受到伤害。在此情形之下，他拒绝动用他的学生以哀求的方式企图软化法官的心灵，因为这种方式只会让被告与城邦同样显得滑稽可笑。重点是要用真实的语言说服法官，而不是向他们讨好乞怜。

不出意外，苏格拉底被判决有罪，他自己提出的罚金过低，于是剩下的处罚就是死刑。在这种情况下，知道要面对死亡的苏格拉底做了他最后的演讲。苏格拉底对法官说，他的神谕虽然经常在演说过程中提醒他，但是从来没有反对过他。这个提醒，就是要告诉他，必须不断地检验他所知道的内容是否为真。这个提醒无异于告诫他，他遭遇的一切都是好的，而其他人错误地认为死亡是最坏的结果；其实死亡并不可怕。

死亡是没有梦的长眠，所以它是没有痛苦的。如果死亡是灵魂迁移到另一个世界的话，那么在这个世界中能够与死去的先圣先贤交往，不是一件很值得的事情吗？在另一个世界中，他要与那些因不正义理由而死去的人对话，还要针对追求知识的未尽之功做努力。他说，在这个理想世界中，没有人会因为问问题而被判死刑，因为在这里，只要说实话，人就会觉得更快乐，并因此而获得不朽的生命。

《辩护篇》中，柏拉图给了我们一个具体的苏格拉底的性格图像。这是一个非常确定自我的人，具有崇高的心灵，不在乎人间的成败标准，他相信自己被一个神谕所引导，也确定生命中最重要的资产是清晰的思路。在这个高度道德化的描述中，柏拉图在成功地把苏格拉底描绘成一位哲学殉难者之外，也为自己的哲学开启了一切可能。我们不得不佩服柏拉图的精心设计，同时我们也可以感觉得出来，他笔下的苏格拉底其实依然有很多值得独立探讨的地方。其中，最重要的就是苏格拉底的对话方法。

否定的对话

如果我们不讨论真实的苏格拉底与柏拉图笔下的苏格拉底之间的差别的话，我们可以知道苏格拉底在用一种极为特殊的方式进行哲学的思考与讨论。我们称这种方式为诘问法（elenchus, refutation），指用对话的方式质疑对方所讲的内容。具体来讲，就是通过分析的方法，指出对方谈话中的谬误，加以驳倒，让对方承认错误。苏格拉底之所以被称为哲学家，就是因为他在对话中使用了这种方法。

对话原先是我们日常生活中的一部分，并不稀奇。可是在苏格拉底身上，对话却发挥了启蒙的功能，让所有参与"苏格拉底式对话"的人都震撼不已，承认自己所知有限，进而对知识的理性探求发生了兴趣。我们不得不问，究竟是什么魔力，让苏格拉底的对话这么特别呢？

这个问题的答案，只有两个字，就是"否定"。否定这个观念有什么稀奇，何以成为哲学的方法呢？原因就是，否定的方法会让人受到刺激、面对拒绝，以及遭遇批判。试想，如果我说出来的话永远受到褒奖、吹捧，没人会否定的话，那么久而久之，我必然感到自满，肯定自己所说的一切。但如果我说的并不正确，或自以为是却还坚持是对的，那怎么办呢？结果必然是，我将陷入自己的思维中，不会遇到任何挑战，不会遭遇难堪，不会改变，也不会进步。

否定的方法可以改变这一切。苏格拉底的对话之所以成为一种哲学方法的主因，就是因为他以有意识的方式，刻意对对方所说的内容进行批判、回拒甚至挑衅与嘲弄。受到这些挫折的人，往往会情不自禁地感到难堪，产生怨愤，横生恨意。没有报复能力的人，会暂时容忍屈辱；而有权力的人，则会直接反击。苏格拉底对于这一点，知之甚详。

在《辩护篇》中，苏格拉底就清楚地说过，许多人对他的直言不讳感到不满，甚至想将他置之死地。但是，苏格拉底乐于当一个像牛蝇一般的人，蜇得人痛苦不堪，又乐此不疲。这些奇怪的做法，让我们不禁想问，苏格拉底到底怎么了？难道他不知道"祸从口出"这句话吗？他为什么要处心积虑得罪人，甚至丢了性命也不在乎？后来的哲学家更莫名其妙，怎么会把得罪人的事当成最宝贵的哲学方法呢？

面对这种一般人都会问的问题，哲学家必须做出回应。苏格拉底并不是一个不分轻重的傻子，而是一个坚持原则的硬汉。他坚持说真话，死亦不足惧。这表示在说话时，只要坚持真理，就不怕得罪人。那么如何知道真理呢？答案是，我们并不知道真理是什么，但我们知道真理不是什么。最明显的是，我们知道，真理不会是前后不一致的矛盾。

举例来说，纵使什么是"好人"有可能因每个人观点不同而有不同的定义，但是说"我是好人，同时我又不是好人"明显出现矛盾。语言中所包含的逻辑告诉我们，讲话时前后要一致，不可以颠三倒四。因此，苏格拉底认为，如果通过对话被我发现你话中有矛盾的时候，那么你不但不应该恨我，还应该感谢我，因为我以最直接的方式指出你可以修正的错误。不过，我还想问，发现别人的语病就是苏格拉底的哲学态度吗？

不，那样的话苏格拉底其实与诡辩学者没有不同。诡辩学者强调个人的能力，尤其是那种运用语言说服众人的能力。苏格拉底在发现他人在语言中所包含的矛盾时，视野完全超越个人，成为一种生活态度。在这种态度中，求真是唯一的价值。所有我们对话的内容，固然都是因我们所关心的议题而起，但我们绝不能容忍虚假。为了达到这个目的，我们也要刻意地对一些听起来言之成理的话进行深刻的检验，务必以找出错误为主。哲学家的唯一工作，就是努力求错，加以排除。事实上，我们看得很清楚，这正是批判理性者的态度。

因此，苏格拉底的方法有多种称谓。有时因为咄咄逼人的缘故，可称为"诘问法"；有时候对话的目的就是要让对方哑口无言，承认错误，所以又可称为"回拒法"；还有的时候，因为内容不定，干脆就直接称作"苏格拉底方法"。总之，这种方法的应用，是以否定的态度彰显批判理性的价值。在苏格拉底应用这种方法的记录中，最著名的例子，就是他在《辩护篇〈24c—27e〉》中，通过指出逻辑矛盾的方式，回拒马里图斯的控诉。

苏格拉底与公诉人马里图斯之间的对话，被视为苏格拉底方法的典范。在这次对话过程中，苏格拉底展现了回拒他人论点的各种技巧，其中包含揭发对方言论中的矛盾、诉诸听众的情感、影响法官的判断、嘲弄对方的矛盾，甚至借机宣扬人生观。整体而言，苏氏对话是一种实际的表达方式，不是一套规则。这种方式可以灵活运用，让一般人感觉对话与日常对话相同之余，也可以发现这些说话技巧都必须受到求真热情的支持。

当苏格拉底被起诉时，罪名是蛊惑年轻人的心灵。但他从容不迫地反问公诉人马里图斯，所谓"蛊惑心灵"是什么意思？不等回答，苏格拉底又很有技巧地反问："是不是因为我教育年轻人，不要尊重国家所膜拜的神，反而引进异端神祇，或介绍其他代表神的方式呢？"马里图斯回答说："正是。"这时，苏格拉底拉高声调，对所有听众说道："请你说清楚我的罪名，究竟是介绍年轻人异端神祇，还是向年轻人宣扬无神论？"马里图斯立即回答道："你的罪名就是教导年轻人无神论。"苏格拉底马上以困惑的口吻反问："你是不是说，我不像其他人相信日神与月神的存在？"马里图斯逮到机会，立即向法官控告："这个人曾经说太阳是石头，而月亮是尘土！"

苏格拉底也直接回头向法官说道："马里图斯啊，你太低估我们的法官与年轻人了，这些内容，到处都是，尤其在看戏时，经常在戏剧中引用阿那克萨戈拉的话，说一样的内容；这怎么能算是我的罪名呢？你真认为我是无神论者吗？"

马里图斯激动地回应说："我以宙斯之名发誓，你什么神都不信！"苏格拉底提高音量说："全雅典的公民啊！除非马里图斯存心让我指出他的矛盾，或者他根本想罗织我的罪名，否则他怎么会犯这么明显的错误呢？"然后，苏格拉底展开他的诘问，面对马里图斯说："有没有相信有驯马师而没有马的？有没有相信有吹笛的技巧，却不相信有吹笛的人呢？"这时候，苏格拉底借马里图斯沉默不语，对全场的听众大声喊道："没有！"

然后，苏格拉底自信满满地提出最关键的问题："有没有人相信神以各种方式存在，却又不相信神存在呢？"这时候，马里图斯也承认，答案是没有。事实上，因为苏格拉底确实经常谈论他所相信的神是什么，所以从逻辑的角度而言，这表示无论神以什么方式存在，他都相信神的存在。因此，他不可能既相信神，又是无神论者。成功捍卫自己清白的苏格拉底，对全场听众说道："马里图斯以不实的罪名指控我，正是因为他没有任何真实的理由。同样，如果判我死刑，理由一样是不真实的。"

这是苏格拉底对话方法中最有名的例子。其中包含各种演说技巧、逻辑分析，以及流利的口才。在对话中，苏格拉底展现的不是哲学原则、理念与系统，而是一种相信理性的乐观主义，一种通过平易语言即能检验错误的立场，以及一种自我觉醒的反问态度。这三点不但最能凸显苏格拉底的哲学，而且是苏格拉底在哲学领域所做的最佳示范。让我们从否定方法的立场分别检视这三点。

首先，相信理性的乐观主义。这当中，有两个重点，一个是理性，另一个是乐观。理性可以由语言做代表，让所有说出来的立场都包含一些真理。这是很重要的一点，就如同在《辩护篇》中，当某人要捍卫自己的生命，或是要置他人于死地时，说出来的话不但是认真的，也必然是真的。毕竟人命关天啊！苏格拉底的乐观精神就在这里：他确信，现在为真的话，必然禁不起一问一答的检验。因为这个缘故，所以苏格拉底乐观地认为，没有驳不倒的立场，也没有不会出错的断言。当然，他本人也毫不客气地宣称："我唯一知道的，是我什么都不知道！"（21d）

其次，运用日常语言即可追求真理。这是苏格拉底哲学中最有趣与最难学的部分。日常语言最有趣的地方是简单，只要张嘴就能追求真理，可是因为获得真理绝非易事，所以单凭说话是没有用的。重点是要能够以诘问的方式，逼迫对方承认错误。换句话说，真正的哲学对话，关键不是说话人的内容，而是说话人的精神，那种不怕让别人感到难堪的精神。因为这种精神，让苏格拉底自称是"处处蜇人的牛蝇"。

最后，就是苏格拉底所提倡的那种自我觉醒的态度。强调知识不属于任何人的苏格拉底，当然不会认为有任何人具有能够告诉他人什么是真理的能力。若果真如此，那么一个人要如何获得真理呢？事实上，真理是个人受启发的结果。

一个人，当被揭发错误的同时立即承认错误，不再坚持己见，那么对这个人而言，他已经进入了一个反省的阶段。他会自忖："对呀！刚才怎么会觉得自信满满地说出真理，却一会儿就被别人指出破绽，完全不真呢？"你想想，在受到这种压力的情况下，心情当然不好受。但有意思的是，这种不舒适的感觉，却正好警示着以后讲话必须更小心。往往，这种警示正是学习过程中最大的资产。常言道，摔过跤的人走路会特别小心，就是这个道理。

了解到苏格拉底的人格特质就是说真话、不怕死后，我们可以理解为什么他把哲学讨论的重点集中在伦理问题上。求真本身不仅是知识的议题，也是价值的问题。

苏格拉底的"好乐迪"观

在伦理思想方面，苏格拉底有一个很特别的想法。他认为，人犯错，并不是因为有犯错的欲望，而是因为认识不清的缘故。这个观念很有趣，因为它等同于否定人有欲望。所有的错误都来自当事人思考不明的缘故。道德只是识不识好歹的问题，涉及我们知道什么东西是对的；一旦我们解决了这个问题，我们的认知能力就会增强，直到我们做该做的事情。

因为把德性和知识等同起来，苏格拉底经常在"有无行使道德的能力"和"掌握知识和技能的能力（例如烹饪、建筑或者几何学）"之间进行模拟。苏格拉底的这个观念，被称为"道德知识主义"（moral intellectualism）。这个观念，不但异于我们一般人的思维，也不同于柏拉图与亚里士多德等哲学家的看法。

人做判断，一直需面对一个很奇妙的问题，就是许多人做了事之后会后悔，会直说"早知道，如何如何……"如果问这个人，当时为何会做出这些错误的事，他往往会说"我一时昏了头，受到外力的引诱，无法控制自己"。苏格拉底认为，这是认识不清的缘故，根本没有外力的引诱。

坦白说，这是一个很难理解的答案，因为我们受教育的目的，不就是要锻炼心智、克服欲望、拒绝引诱吗？苏格拉底的答案却说，没有欲望，没有意志不坚的问题。那么，错事哪来的呢？他认为，做错事的人，在做"这事"时，不知道这事是错误的。

我举一个我们哲学教师最常见的例子来说明这个问题。很多人认为学哲学没有用，因此在考大学的时候，总是选择一些有用的学科就读。但是，那些"有用"的学科真的有用吗？用处是相对于一个目的而存在的，而教育的功能，正是启发人知道这个目的是什么。如果在受教育之前就已经知道受教育的目的，那么受教育还有什么意义呢？另外，如果受教育在于启发人，这句话中所讲的人，一定是某个人，不会是所有人。原因很明显，因为每个人都有自己的人格与判断能力，因此在相同的制度中受教育，每个人都会在制度中吸收适合自己的养分，决定自己的人生目标。

这是典型的苏格拉底所关心的问题，因为这个问题牵涉个人的感觉与启发。我并不是说哲学是最有用的学科，但哲学确实是以最开放的态度，不断地反问自己也问他人，什么是有用的学问。毫无疑问，因为每个人都会有自己的想法，所以给每个人决定权是合乎伦理道德的。反之，剥夺一个人的这种决定权，则是违反伦理道德的。或许有人喜欢做一个不用思考的人，大小事情都交给父母帮忙做决定。苏格拉底认为，这种生命根本不值得活着。

我不想唱高调，但我必须说，苏格拉底是对的。不管是"富二代"还是"穷二代"，我要做什么，都必须由我自己决定，只有我本人才知道我到底喜欢什么。如果我因为非个人因素从事一项自己不喜欢的工作，我不能说我一定会失望，但我会在发现兴趣的那一刻，知道做有兴趣的事情对自己而言才是最好的。因为我有兴趣，所以我会尽心尽力，这样不但容易产生丰硕的结果，也因为自己的选择而勇于承担后果。无论如何，所谓的好事，就是我个人认知后，又不断地与他人沟通、互动、对话、学习，以及修正的结果。最重要的是，这个修正的过程是持续的，因为没有人知道什么是绝对正确的。

我必须说这就是苏格拉底道德知识主义的主要内容，无疑很不同于一般对于伦理道德的认知。传统中的道德，来自日积月累的观念，好恶分明，但苏格拉底的伦理学则完全不同。虽然他不断地与人对话，谈论如勇气、智慧、诚信等各种与德行相关的议题，但他总认为，个人认知的结果依然有出错的可能。其实，传统也一样，并不会提供给我们正确的答案。虽然有关什么是对的我们一般都会有大致的答案，可是好像总说不明白答案究竟是什么。纵使如此，苏格拉底依然认为，个人通过思考而获得答案是唯一的方向，也是一个持续努力的过程。

因此，德行对于苏格拉底而言，不是道德的规则，而是获得道德知识的能力。这种能力固然因人而异，但所有人能行善的本原，来自人与生俱有的发扬德行以获得道德知识的能力。苏格拉底认为，道德知识的认知，除了是人人天生的能力外，我们还需要追求道德知识的热忱与逢错必改的态度。当我们做一件与伦理相关的事情时，我们必然用德行做行善的判断。如果"知道"怎么行善，就等于拥有行善的能力，而一旦发现我所认知的道德知识其实不真，则我所做的事情就背离了善的原则。这时候，我们需要发扬修正错误的理性态度，加强道德认知。

苏格拉底认为，善恶之间完全不同。因此，不容许外在环境的复杂性让我们失去判断真假、对错与善恶的可能性。一个人一旦拥有德行知识，那么他不但"相信"这个"知识"的准确性，也能够充分地理解为什么"它"是真的。所以，他应该能够捍卫自己的立场，并否定所有反对的意见与困难。最终，他必须能够在实践中重视这件善行，展示什么是真的、对的与善的。

整体而言，苏格拉底的伦理学不但展示了知识主义，也重视幸福主义与个人主义。知识主义强调的是德行的认知，知道什么是好；幸福主义强调的是行善，追求做人的终极价值，也就是快乐；个人主义强调道德行为是个人启迪的结果。如果不嫌唐突，我们可以用"好""乐""迪"这三个字代表苏格拉底道德哲学的精华。

颠覆传统的苏氏哲学

看得出来，苏格拉底的哲学其实是一种方法。这种方法很特殊，因为他并不告诉我们什么概念，却要我们保有一种求知认错的态度。苏格拉底本人甚至没有用理性来称呼这种态度，原因正在于他不想以强加的方式让我们接受任何普遍的规范。因为这个缘故，所以苏氏哲学留下的遗产就像一块黏土，人人可以随心拿捏，但黏土的本质，也就是道德的关怀是不变的。这个人人可以置喙的观点，产生了很深远的影响，在为西方哲学的发展提供了进一步启发的灵感之外，也确立了哲学不追求标准答案的要求。

苏氏哲学为后人提供的要点，除了上述这种求知的态度之外，可以归为如下四点。首先，所有人都必须承认，哲学工作是不断地自我检验。哲学家面对的最大敌人就是自己，因为只有本人才有可能阻挠这个自我检验的过程，拒绝错误，坚持己见。别人的意见，只能提醒这个过程，但是否能落实自我检验，还要看自己的求知态度。

其次，苏格拉底的方法产生了颠覆传统的必然结果。这个结果不但让知识永久处于持续讨论之中，也让哲学家成为"不安于世"的代理人。这个影响是很特殊的，因为若不是受到苏格拉底的影响，极少有人会否定传统。苏格拉底这种将一切认知结果置于思考之中的想法，容易让人产生误解，以为哲学就是一门为反对而反对的工作，而哲学家就是一群这么无聊的人。其实不然，因为不怕得罪人需要胆识，而捍卫自己的立场需要口才。苏格拉底示范了这两点的结合，鼓励后人选择批判理性这条道路。

再次，虽然苏格拉底的哲学以知识主义著称，但别忘了它的前提是道德。我们说过，苏格拉底的哲学以伦理学转向为主开启了哲学史的新纪元。不过这并不代表他告诉了我们伦理道德是什么。正好相反，以"否定哲学"闻名的苏格拉底，只告诉我们什么不是伦理道德。道德不是固有传统、不是教育方针、不是社会规范、不是宗教教条、不是政治制度、不是经济定律。那么道德是什么呢？它是人性的一部分，是人伦展现的方式，是伴随人心发展的结果，因时、地、情况与环境而改变。我们可以说，在苏格拉底的影响之下，有关伦理道德的讨论必须以人为本，但什么是人性中具有道德本质的问题，则不是任何个人可以回答的问题；这个问题必须是不断思索下的结果。

最后，苏格拉底不同于辩士，认为德行是不能传授的。德行就是个性中的"极善表现"，包括正义、诚信、谨慎、勇气、智慧等。这些都是个人能够获得的能力，但如果教导的过程只是单方面的灌输，那么就没有主动理解的可能。没有理解就不会做出符合德行的事，因为缺乏知识无异于盲目行事。

哲学导师的价值

苏格拉底的哲学很特殊，完全不同于一般人的想法。我们总认为，任何有关伦常的讨论，必须依据传统，听从祖宗说的道理，不可轻言改变。苏格拉底与众不同的地方就在这里，因为他不认为有什么道理是不能再讨论的。这一点，让许多人不能置信，因此也就无法理解这位"哲学导师"的价值。我们也不禁要问，苏格拉底哲学的价值到底是什么？对于这个问题，虽然我们不能说有标准答案，但最明显的答案，极有可能是那种相信每一个人都有理性的乐观主义。我们称这个想法为乐观主义的原因，是因为连他的得意门生柏拉图都对人人都有足够的理性这个看法不表示认同。

回顾一下今天这个世界，我们不能不佩服苏格拉底，因为他的哲学态度已经成为当下政治与教育的主流。在现代世界中，讲求民主的精义在于肯定每个人参与公共事务的价值，并逐渐扬弃以专制威权的手段解决人民的问题。在教育的领域中，更为明显的是有越来越多的改革反对填鸭式的教育。许多人认为，单向灌输式的教学，否定个人学习的价值，不但浇灭了学习的兴趣，也丧失了学习的意义。因此，以政治与教育这两件与人伦最相关的事情而言，我们必须肯定苏格拉底哲学历久弥新的价值，同时也需要将它当成进入现代社会之前最重要的思想准备。

第 四 讲

柏拉图

摘　要

　　柏拉图是西方哲学史中最重要的哲学家。他的重要性包含纵横两面：在哲学时间的纵轴上，柏拉图综合前苏格拉底哲学家与苏格拉底哲学的思想，将希腊哲学的理念结合在一起；在哲学空间的横轴上，柏拉图涵盖知识论、形而上学与伦理学三方面。他的核心哲学概念是灵魂不灭与理念世界，以这些理念，柏拉图建立起灵魂与肉体分离的系统化哲学，融贯地解释与人最相关的四件事：政治、教育、道德与宗教。柏拉图立场鲜明地认为，政治上应当追求精英领导的理想政体；教育上应当兼顾知识与品格；道德上应当通过理性提升自我；宗教上应当乐于接受超越的世界。纵使柏拉图的思想以超越现实世界为主，但他哲学推理的根基仍以日常经验为本，而这也是他令人印象最为深刻的地方。

著名的形而上学家怀海德曾说："西方哲学史是一连串对柏拉图思想的脚注。"① 不论这句话有没有夸大的嫌疑，但它指出柏拉图是一位承先启后、开创新局的哲学家。柏拉图综合了所有他之前重要哲学家的观点，并开启了结合知识论、形而上学与伦理学的哲学观。更为重要的是，柏拉图的哲学深深影响了后世的哲学发展，尤其是以心物二元的观点为基督教的道德哲学铺下了进一步发展的道路。毫无疑问，他是西方哲学史中最重要的哲学家。

这个重要性，有两方面的含义，一褒一贬。所有阅读过柏拉图著作的人，都会情不自禁地佩服他在《对话录》所流露出来的天才思想，让杂乱无章的日常生活拥有向上提升的哲学体系。但是在阅读得浑然忘我之际，我们发现，柏拉图的理想世界已经蕴含了一个类似斯巴达社会的政治理想，讲求精英教育，以专制的手段决定

柏拉图：
奔向天际的理想主义者。

① A. Whitehead. Process and Reality. New York: The Free Press, 1978: 39.

了人民的生活，以及领袖应当获得的知识与训练。这一褒一贬中，很多人在柏拉图的理想世界中忘了现实世界中的残酷，也有更多的人发现，柏拉图成功地用他的哲学天才遮掩了他对民主制度的贬抑。为什么他会憎恨民主呢？这必须从他的生平谈起。

一、生平与思想来源

柏拉图生于公元前427年，卒于公元前347年，享年80岁。他成长的时期是伯罗奔尼撒战争的初期。这场战争持续了20多年，不但使雅典饱受败给斯巴达的屈辱，还让斯巴达人极其蔑视雅典自以为傲的民主制度，为雅典人设置了30人共同执政的政治体制。这30人当中，有一人便是柏拉图的叔叔。这些记载告诉了我们柏拉图生平中重要的三点信息：第一，他是雅典公民；第二，他属于雅典贵族；第三，他对斯巴达的强大比对雅典的民主更有好感。综合这三点来看，柏拉图过着优渥的生活，无忧无虑地追求知识，并且不认为人人平等。

前文曾提过，伯罗奔尼撒战争导致雅典城邦内部公民的对立，人们将战败的屈辱转为怨气，发泄在求新求变的知识分子身上。公元前399年，当柏拉图挚爱的老师苏格拉底被判处死刑的时候，柏拉图在极度失望之余打心底怀疑民主制度的实用价值。不过，他并没有在著作中直接批评民主制度，只是以数学作为教育的主轴，让他的读者自己理会如下事实：人人拥有数学能力，但每个人的数学能力其实并不相同。柏拉图个人则对于数学能力寄予厚望；相传在他建立的学校，门口非常醒目地写着："不懂几何学者，不得入内。"

对数学的重视，并不单纯只是偏爱一门科目。数学讲求的是推理的过程，依据简单的规则将思路逐步提升到极为困难的演算。从这个演算过程中，柏拉图深刻地体会出数学所包含的三层意义：第一，数学这样的纯形式知识能够让人在推理过程中拥有获得真理的经验。第二，人人都有数学能力，也就是说，人天生能够进行纯形式知识的推理。第三，人人固然都拥有数学能力，但这只是最基本的。数学在推理过程中所显现的深浅难易，展示个人数学能力的好坏优劣。

第三点，也就是数学能力的好坏优劣，透露出很深的含义。柏拉图将数学能力的高低转换成为社会阶级的差异，他偏爱贵族阶级以及不满一般社会大众品位的观念，来自他对数学能力的认知。我们都知道，数学能力其实就是一种依附思考的推理能力，是一种与情绪无关的能力，往往属于少部分能够进行数学推理与应用的人。然而在讲求民主的雅典社会中，一般人偏爱的不是数学推理，而是观赏戏剧，就像今天多数人爱看电影一样。在观赏戏剧的过程中不必思考，完全受戏剧的吸引，所有的情绪受到鼓动，时而笑、时而哭。这一看似极为普通的例子，却成为柏拉图思想中最重要的核心，也就是精英与民众、理想与现实，以及思考与情绪之间的差别。①

这些差别，表面上虽然不同，却并不影响我们看得出来，它们具体呈现出柏拉图的哲学是一种二元对立的哲学。换言之，我们不得不佩服柏拉图把他的思想与现实社会做了完美的结合之余，还帮助所有阅读他著作的人明确了向上发展的方向。这个方向，就是在知识论上追求不变的真理，在形而上学中追求理想的世界，以及在伦理学里追求善的价值。更重要的是，柏拉图把所有前人的思想通通纳入他的二元体系，成为辅助他思想的论证。

柏拉图的思想来自毕达格拉斯的部分，除了对数学的偏好以外，还包含了灵魂不朽的神秘主义。我们曾经说过，深受毕达哥拉斯的数学与宗教观念吸引的柏拉图，更进一步把数学的能力当成追求真理的能力。柏拉图认为，因为这种能力不涉及现实世界的经验，所以数学推理直接证明了有另外一个理想世界的存在。这是柏拉图二元论的起点。

从理想世界看这个现实的世界，柏拉图参考了赫拉克利特的观点，认为现实世界中的一切处于变动之中，都不是真实的知识。就像赫拉克利特所说的那样，我们的感官必然会误导我们，让我们把表面所呈现的假象当成真实的知识对待。事实上，要想获得知识的关键，就是要脱离这个以感官为主的现实世界，自我提升至理想世

————————
① 参见罗素《西方哲学史》中的论述。

界之中。

理想的世界，不但是思考中的世界，也是唯一真实的世界。从巴门尼德那里，柏拉图充分地理解所谓的存在必然是思考的结果。同时，相对于赫拉克利特所描述的感官世界，柏拉图的形而上学为我们做了决定，也就是思想高于感觉，不变更胜变化。

柏拉图以二元对立的思想，从现实生活中指出缺乏真实的遗憾，也从理想世界视角肯定超越感觉的重要。他在以恩师苏格拉底为名的对话录中，不断地将理想与现实之间的对比投射在人伦之间的好坏、对错、善恶、优劣的判断上。换言之，柏拉图在著作中，针对所有苏格拉底提出的伦理议题进行论证，成为哲学系统中最主要的一部分。同时在柏拉图的转换中，伦理学的议题使他的哲学系统出现了应用的价值，也找到了行善的理由。

当我们在讲授柏拉图哲学的时候，必须要做一些选择。这些选择在能够呈现柏拉图哲学的精华之外，也要能够展示柏拉图为什么能够承先启后、开创新局。这个解说的工作将分成三部分。首先，要说明柏拉图的政治理想，并且指出他采取一贯出世、不食人间烟火的态度对待戏剧、正义与知识。其次，我们要以柏拉图哲学系统中最核心的两个观念——理型的概念与不朽的灵魂，说明《美诺篇》、《会饮篇》与《斐多篇》三篇对话录的内容。最后，我们要从整体的角度，针对柏拉图的哲学系统做几点概要的说明。

二、政治理想的三个段落

我们在研究柏拉图的生平时，注意到他经历过雅典城邦变化最为剧烈的时期。公元前404年，柏拉图目睹雅典被斯巴达击败后，雅典的民主政体一度被废，短暂地被斯巴达所引进的专制政体取代。由30位贵族组成的执政团体中，有许多人是柏拉图的亲友。这件事情，为柏拉图带来两方面的影响：一是政治的纷乱；二是政治的理想。

柏拉图把这段历史对他的影响记录在一封自传式的信件里，史称《第七封信》。在这封信中，他承认，家庭的因素让他对于政治一直充满了跃跃欲试的情怀。但是政治上的转变，以及民主制度下的无知大众判决恩师苏格拉底死刑，让他对现实政治感到失望，转而致力于发扬理想中的政治。最具体的代表，就是柏拉图的政治哲学名著《理想国》。

柏拉图的著作基本都是对话录。如果我们必须选择一本最著名的对话录，那就是《理想国》，而这本书也的确足以作为其思想体系的代表。我们接下来在介绍《理想国》时，将依照对戏剧的态度、正义的定义，以及无知的大众这三个方面重点说明柏拉图的政治哲学。这三个方面从不同的角度融贯地表现了柏拉图的思想：贬抑现实，向往理想。

《理想国》谈的是柏拉图的政治理想。对柏拉图而言，政治的理想就是集结所有的理念追求国家强盛，以及让人民安居乐业。在这个目的之下，不怎么讲民主的柏拉图，发挥他那倾向于斯巴达城邦的情怀，想要建立一个要求所有国民各尽其分的理想国家。在这个"理想国家"中，人民没有自己的财产、家人、自由，甚至思想。说穿了，他设立的政治制度的唯一目的就是要建立一个讲求阶级的理想社会。

在这个社会中，核心问题当然是这个国家实现谁的理想。面对这个必然要回答的问题，聪明的柏拉图在《理想国》中通过神话，讲了一个被称为"高贵谎言"（Noble Lie）的故事，将所有的人依照金、银、铜铁的成分，分为三个阶级。其中金人是领导，应该接受超过一般人的训练，以符合领导国家的要求；银人是军人，负责保家卫国的职责；铜铁人则是在社会底层从事各行各业的大众。

虽然柏拉图没说这三种阶级是固定的，但大致上他偏好将大多数人的生活转换为一种像蚂蚁与蜜蜂的社会。在这个社会中，柏拉图让大家遵循社会精英的领导，无须多费心思考虑个人以外的事物。领导阶层有能力做出最妥善的规划，而保家卫国的军人可以让大众安心从事生产。这个"高贵谎言"成为柏拉图发挥政治理想的基础。同时，他也借这个理想，展示了他的哲学系统。不过由于这个系统的基础毕竟还是一个"谎言"，所以纵使柏拉图有旷世奇才，也不能遮蔽他所建构的系统中有太多不近人情的地方。

我很怀疑，有谁在读了《理想国》之后，会接受这真的是一个政治理想。因为这本书中所展示的政治形式，完全不牵涉政治现实。这也无怪乎，许多人认为，一旦落实，柏拉图的政治理想国与极权主义国家无异。罗素甚至怀疑，柏拉图心中的政治典范，就是以军事政体著称的斯巴达。其实，我们不必从政治的观点怀疑柏拉图的动机，但却可以以这个观点作为理解柏拉图哲学系统的起点。

从政治的发展中，我们可以看到柏拉图对于国家的情况感到失望与悲愤。这种情绪导致他在受到多种哲学影响下，经由政治的论述，走向区分现实与理想的二元论观点。在接下来的篇幅中，我们将从三个部分叙述柏拉图的政治理想。首先是柏拉图对于公民生活的规范。其次是柏拉图解释为什么正义是一个形式的理念，没有可能落实在现实社会之中。最后是柏拉图对于大众无知的确认。这三个部分的共同特点，是以超越人间的理想知识为重，无视现实中的情感与经验。

规范的公民生活

《理想国》涉及的内容很多，有政治、哲学、教育、数学、社会等领域。对于柏拉图而言，这些领域当中最重要的，首推教育。这是因为柏拉图认为，人有天生的性向，像一块黏土，从小就必须受到智者的捏塑，让社会中最优秀的人变成社会中的领导阶级，带领国家实现政治理想。因为这个缘故，柏拉图在此不但已经公然反对苏格拉底那种人没有欲望的想法，也不认同伦理行为是个人认知的观点。我们可以说，相较于苏格拉底"人人皆可求知"的乐观主义，柏拉图在《理想国》中透露出他对人性悲观的态度。

柏拉图认为，一个人必须自幼通过教育，培养成为适得其所、人尽其才的社会分子。他将社会中的全体公民，分为领导阶级、军事阶级以及社会大众三类。他特别注重对于领导阶级的教育，并且认为，在适当的领导之下，其余的两个阶级只要听从指挥，负责应尽的义务即可。因此，柏拉图的政治理想可以说就是一种贵族政体。

领导阶级的成员自幼要受到两方面的教育：一文一武。文的方面，相当于今天的文化教养。除了培养知识能力之外，还要提升气质与教养。一个领导阶层的教育，除了从小就要教导数学以及修辞学之外，还必须拥有庄严肃穆、谨言慎行以及勇气的培育。在武的方面，领导阶层的公民从小就要锻炼身体，强健体魄，无惧于战争的威胁，随时为国家上阵杀敌。柏拉图深信，在这一文一武的教育下，受到培育的公民不但身强体壮，而且思想端正。

为了达到这种教育的具体成果，柏拉图的理想国完全通过强制的方法让公民接受所谓的正确思想，培养克制的情绪，追求哲学的真理，知道正确的价值。柏拉图所采用的手段是降低欲望、简化生活、消灭财产、消灭家庭，以及共享一切。为了达到这个严格的目标，柏拉图做了许多生活上的约束，其中最著名的就是柏拉图禁止人民观赏戏剧。

柏拉图的理由不复杂，就是他不明白为什么绝大多数人做判断的时候，不能够完全依照理性，而是经常受到传统与情绪的影响。因此柏拉图在《理想国》的最后章节中表示，要实现政治理想的前提，就是想办法消除各种不理性的传统，控制激动的情绪。他的解决办法就是禁绝当时希腊人爱看的戏剧，并要求领导阶层阅读鼓励人品端正与庄严肃穆的文学作品。在他的政治理想中，荷马的神话，以及依照这些神话所编的戏剧受到全面的禁止。

柏拉图禁止看戏的理由很多，主要原因是戏剧中夸张的内容让人产生不必要的情绪。往往为了情节需要，戏剧中经常出现各种矛盾冲突，例如神也会有七情六欲，甚至有违反道德的行为、怕死的懦弱、夸张的表达、放浪的谈笑等。在这些矛盾冲突中，最严重的是善恶的结果经常不明：好人未必善终，坏人不必歹死。这是发生在戏剧中司空见惯的场景，但是对柏拉图而言，这些内容充满了负面教育，会影响年轻人，尤其是未来要成为领导者的人。夸张的内容会让年轻人分辨不清，以为戏中的情节一样会发生在真实人间。

真实人生与戏梦人生有真假的区隔，这是很重要的。柏拉图认为，如果戏剧追求的是假戏真做，那么模仿角色的人，不但可能因剧情需要而自贬身价、破坏阶级、扮演坏人或奴隶，模仿久了之后，演员还会失去分辨虚假与真实的能力。因此，柏拉图在他的政治理想中建议驱逐所有的剧作家。

对正义的讨论

柏拉图在《理想国》中罔顾现实的例子还不止于此，他还将类似的讨论延伸到有关正义的定义。正义是古希腊人最在乎的概念，因为正义涉及所有人渴望的公平。就正义的定义，曾引发了苏格拉底与辩士西拉斯马克（Thrasymachus）一段精彩的辩论。西拉斯马克在柏拉图《理想国》的第一书中，大喇喇地说："正义就是强者的利益。"这句话吓了苏格拉底一跳，他要求这位辩士多作说明。于是，西拉斯马克解释道：

> 所有国家的政府，都是由一人、少数人或多数人掌权。政府为国家制定法律的时候，必然是依照他们各自的利益而立法。服从这些法律的人，就会被视作正义的人，否则就会被惩罚。在所有的国家中，虽然体制不同，但正义的原则都是一样的，就是政府的利益，也就是拥有权力的人之利益。（338d—339a）

在这段话中，西拉斯马克认为正义就是遵守法律，而法律是人制定的。柏拉图可不这么想。他认为，真理来自超越情感的因素，所以正义应该是一个纯粹的理念，不需要去考虑实际的情况。于是，柏拉图用苏格拉底的名义提出反对的论证。他说，因为有权力的人必然有可能犯错，所以当他们立法时，可能搞不清楚他们的利益是什么。如果有权力的人错误地以为做某件事符合他的利益，并以此为正义的代表时，这便不是正义，因为正义不会是一个因人而异的概念。

很明显，柏拉图并没有真正面对西拉斯马克的定义。知不知道利益在哪是一回事，但人无论如何都要遵守法律是另外一回事。西拉斯马克说，有制定法律权力的人会以自己的利益为考虑，制定让执政稳定的法律。西拉斯马克假设了两件事：第一，执政者的利益就是维持执政；第二，法律就是维持执政的最佳结果。西拉斯马克是有道理的，因为在日常生活中，我们不也是将正义与法律视作相同的概念吗？如果法律与正义在现实中是相同的，那么正义就是执政者的利益！

在这场辩论中，罗素认为柏拉图并没有成功地反驳西拉斯马克，原因在于理想与现实之间的差别。在有关正义的讨论中，这个差别最为明显，因为理论中的正义（即公平）并不难定义，难就难在现实中要如何综合各方利益，达到公平。每个人的情况不同，就像母亲愿意牺牲自己，将食物分给饥饿的孩子，正义是不能脱离现实的。

我们提到《理想国》中这一段有关正义的争议，目的是要彰显一个事实，就是柏拉图不像苏格拉底那么乐观，反而对一般人的求知能力颇感悲观。他不认为人有获得知识的本能，而且还认为人有一种偏爱看起来似真的事物的习性。为此，他在《理想国》中讲了一个"洞穴寓言"，生动地表现出人的无知，也暗示了苏格拉底的命运几乎就是他的宿命。

无知的大众

柏拉图讲道，有一个洞穴，里面黑暗无比。在黑暗的洞底，有一些被囚禁的人，因为他们的脖子和腿脚都被锁住了，所以只能向前看。他们背后有火燃烧，火后面且较高的地方有人、马走动的通道。火光将这些走动的人、马以及囚犯自己的影子投射在洞穴的墙壁上，成为这些囚犯仅见的东西。有一天，有一个囚犯挣脱铁链，站了起来，他转动脖子，环顾四周，开始走动。他看到旁边有一条长长的通道通向地面，微弱的光线依稀照进洞底。

这人对于光线的来源起了好奇心，走上了那条崎岖陡峭的坡道。一开始，他觉得在洞中向上爬行很痛苦，但由于好奇心的驱使，他还是一直往前爬。当他终于爬出洞穴见到阳光时，他又面临了新问题。阳光太强，一刹那间，两眼一片漆黑，他根本无法看见任何东西。经过一番适应，他最终能够观察周遭事物，看到了真相。他想，原来是太阳让我看到真实的世界啊！

此时，他想到以前在洞中的日子，因为缺乏阳光而无知，看到的东西全都是虚假的。他也想起同伴，可怜他们的无知，决定再回到洞中告诉他们真实世界。但是，回到洞穴时，他还来不及适应黑暗，什么也看不见，他便大声疾呼，要大家出去看看真实的世界。因为什么也看不见，他连番跌倒，招来讥笑，同伴以为他上去走了一趟后，把眼睛弄坏了。但是，信心满满的他却坚持否定这个洞穴中的世界，这招致旁人的厌恶，最后他惨遭杀害。

很明显，柏拉图用这个故事，想说明一般的人由于生活空间的限制，以至于目光狭窄、见识甚浅。同时，他也暗示求知不是轻松容易的，必须要有强大的好奇心与毅力才能够勇往直前。这也是为什么求知往往是一件令人望而却步的事情。而学习就是一个适应学习痛苦的过程，一旦取得成果，我们对于知识会有更为笃定的态度。这种态度还会"发酵"，会想去帮助人，让别人也认清真实。但是，这往往是一厢情愿的想法。认为别人无知的人，经常被视为令人讨厌的人。在这里，柏拉图除了暗示苏格拉底的命运之外，也怀疑一般人没有求知的能力。因此，他以"知识的光"为名，提到有一个超越人伦的理想世界。

从《理想国》的这三个段落中，我们看到柏拉图通过反对戏剧、定义正义及否定常识，逐步展示出他的哲学系统。不过我们必须坦承，柏拉图的哲学内容丰富，并没有明确的系统，甚至前后期哲学中还出现自我批判的内容。我们在此所说的内容，是整理后的说明，即使如此，我们还是能看到柏拉图哲学的两个关键点：第一，柏拉图贬抑现实，追求理想；第二，柏拉图的哲学是对苏格拉底思想的超越。

第二点尤其重要。因为在柏拉图所有的对话录中，都以苏格拉底之名作为对话人，也引用许多典型的苏格拉底议题，但在思想的发展中，他慢慢地展现出与苏格拉底不同之处。最重要的差别是，柏拉图开始怀疑单凭对话就足以发觉知识的乐观主义。柏拉图回到前苏格拉底哲学家的传统，尤其是引用了毕达哥拉斯学派的哲学思想。

三、柏拉图的核心概念：灵魂与理型

毕达哥拉斯学派注重两样东西：数学与宗教。前者追求推理思考，后者强调灵魂不朽。它们彼此相互支持，因为数学知识永恒不朽，就像灵魂一样；而灵魂超越经验，就像数学的形式本质。纵使数学与宗教并不一样，但在柏拉图眼中，使用这两个观念，一方面可以解释知识的来源（即他所说的"理型"），另一方面可以说明理想世界的内容（即死后灵魂聚集的地方）。无论如何，柏拉图借着理型的理论与不朽的灵魂，逐渐脱离苏格拉底的影响，发展出自己的系统。

柏拉图哲学的核心概念，就是有一个相对于现实世界而存在的理想世界。现实世界是变动的、短暂的、有缺憾的，而理想世界是不变的、永恒的，以及完美的。在这个理想世界中，一切都是真实的。而我们能够知道这些，并不是因为我们曾经活在理想世界里，而是因为人本身就是具有身体与灵魂的二元动物。

《美诺篇》的灵魂不朽

属于理想世界的灵魂，在我们的身体中通过思考的能力，让我们能够对理想世界中的一切展现向往之情。在《美诺篇》中，柏拉图利用苏格拉底式的对话，谈到灵魂不朽的概念，并且以回忆的方式得到专属于灵魂的知识。这种知识的代表就是数学，而回忆指的是在对话中，人经过提示而主动理解知识的启发过程。苏格拉底与一位未受过教育的小奴隶之间展开了一段数学对话，直接证明我们是通过回忆的方式，而非接受教导的灌输，理解属于理想世界的数学推理。这段有关数学的对话，其实就是一道数学题目：如何通过一个正方形画出一个两倍大的正方形。

在讲解的过程中，苏格拉底只是在地上画图，然后不停地问这位完全未曾学过数学的小奴隶问题。一开始，这个小奴隶针对题目说了一些答案，经过苏格拉底的诘问，他发觉这些答案都是错误的。于是，在苏格拉底的追问下，这个小奴隶自己慢慢发觉，原来这个问题的答案，就是以原来那个正方形的对角线为边所画出来的正方形。

在对话中，苏格拉底说，这个小奴隶受到问题的启发而产生"自我发觉"的过程，就像"回忆"起他曾经拥有过的数学知识。因为不曾受过教育，所以他不可能回忆此前曾拥有过的知识，因此他所想起来的知识必然是属于前世的。灵魂经由这个小孩的身体重新投胎转世，使得完美的灵魂伴随着肉体，一起来到这个现实的世界。当肉体的生命结束时，灵魂还是要回到它所属的理想世界，等待下一个转世的机会。

灵魂不朽的概念，为柏拉图提供了极大的便利性，让他可以在苏格拉底的方法下体悟追求知识的方向。知识必然超越感官世界，属于理想世界，包括人人都应追求的真理。这是方向的厘清，可是内容呢？很明显，数学只是一个代表，象征我们的确拥有超越感官的知识，但我们总不能说所有灵魂中的知识都是数学吧？对于柏拉图而言，灵魂中所保存的知识不只是数学推理而已，也包括伦理的直觉、美感的向往，甚至神的理念。因此，柏拉图提出理型这个核心概念，并以此作为灵魂知识的基础，让其他理念成为可能。

《会饮篇》中的理型概念

柏拉图在《会饮篇》中，以"爱"为讨论主题，经过逐步的论证，提出了理型的概念。这里所谈的爱，就是一般的欲望。无论如何，不管哪种爱，欲望总得有个对象。这个对象必须是因为美好，才会成为欲望的对象。因此，爱与欲的结合，必然有一个被当事人视为美好的对象。这个对象，也一定是当事人想要得到但尚未得到的。因此，爱不是单纯的欲求，而是一种认知推动的情绪。

例如，我在爱某人时，必然先是因为此人的美好，引发我爱恋这个人的理由。即使这个理由是纯粹生殖性的，纯粹是为了获得绵延子孙的机会，甚至纯粹是所有动物都会追求伴侣的理由，但这种适者生存的理由，发生在我身上与发生在其他动物身上，还是有很大不同的。人是有心智的动物，所以人的爱欲并不全然以满足生殖为主，也有被美好的灵魂与人格吸引的可能。这种吸引不但为人所独有，也是心灵中的心理欲求不同于感官世界所追求的生理欲望。

《会饮篇》的特色在于通过讨论人最关注的爱，然后将爱欲、感觉逐步经由论证，提升为实现心中对爱的理想。柏拉图从最普通的感觉出发，讨论所有人的性爱。因为人是包含心灵与肉体的二元动物，所以人因为爱产生的欲望也包含生理与心理两部分。这两部分不同，但都是人天生的。虽然心理欲求的对象总是比较美好，但生理的欲求是为了繁衍后代，也算得上是一种不朽。

因为生理欲求也存在于其他动物中，不能凸显人之为人的特性，因此人心理欲求的对象总是以心灵所仰慕的高贵灵魂或人格为主。事实上，这正是心灵欲求的特色。人会为了满足当下欲望而不断自我提升，仰慕崇高人格或灵魂的欲望超越了身体的欲望。这种提升来自心灵对于理念的偏好，因而一致地让所有人体会到了普遍的价值。

例如，领导人格或领袖魅力，可以同时存在于古今中外都曾出现过的圣君贤相身上。从他们身上，我们可以看到一种共同的气质，叫作领袖特质。我们也会发现，这些做领袖的人，都具有共同的领袖特质。因此，领袖作为人，是偶然的，但拥有领袖特质是成为领袖的必要条件。

什么是领袖特质？它是一个理念，也是一个所有立志做领袖的人仰慕与欲求的理念。在我们共同仰慕的东西之中，还有一个更高一层的共同特质，就是这些理念都共享了好的理念。用同一个例子来说，所有想要做领袖的人，不但渴望获得领袖特质这个理念，还会有"拥有它"的渴望，而且这个渴望是"好的人生"的"附产品"。

柏拉图哲学最特别之处，就是理念的客观性。他认为，"领袖特质"是客观的，是灵魂中的一部分，是使得肉体有意义的原因。一个人若无"领袖特质"，或者说，若"领袖特质"不与此人之肉体结合，则毫无成为领袖的可能。因此，想要在现实世界中成为领袖，必须有领袖特质与肉体的结合。无论如何，虽然人是灵魂与肉体结合之动物，但灵魂与肉体两者各自独立存在。其实，人生中的所有特征都是如此结合下的产物。理念使得肉体产生意义，成为指认的特征。整体而言，理念像是一个模型，任何事物只要经过它的塑造，都会拥有它的特征。

例如正义、勇气、庄严、高贵，都共享了好的理念，将它们加诸任何人身上都会使得拥有这些理念的人变得正直无私、有勇有谋、行为高雅、神态肃穆。这些令人仰慕的理念，本身也是从

"好"的型中分享出来的理念。这些理念共同构成了理型的世界，使得我们生活的世界变得有真假、高低、上下、意义、可以描述，也可以判断好坏、善恶、美丑等。在不知不觉中，柏拉图成功地通过对爱的讨论，建构起他的理型世界，成为形而上学的基础。

《斐多篇》的宗教观

在《斐多篇》中，柏拉图完全脱离苏格拉底那种逐步经由对话、辩论、认错、改进的自我检验方法，追求自己所建构的系统性知识。在《斐多篇》中，他利用灵魂不朽以及理型的概念，合成一种类似宗教的立场。最特别的是如果从宗教来看这个立场，我们可以说，柏拉图在此结合了基督教精神的耶稣殉道（指苏格拉底的慷慨就义），与佛教的轮回转世（指灵魂重新投胎到人间）。

我们必须说，这个组合只是想象的结果，但以系统化哲学著称的柏拉图，却充分地利用了理型与灵魂这两个概念。他不但发展出另一个理想世界，而且还能够认定这个纯粹从思考而得出的世界是真实的、理想的、美好的以及不变的。

最重要的是，他能够将这个理想世界置于崇高的位置，像光一样，由上而下，照亮我们这个由感官察觉的世界。从伦理学的角度而言，柏拉图喻示了人应该追求的方向，也就是向上提升。接下来，我们分别以心物二元、好的理念、死不足惧、死生相循、哲学人生五点，介绍这个结合了宗教与哲学的观点。

1. 心物二元

《斐多篇》的第一个场景，就是苏格拉底完全无惧于死亡，令旁人感到好奇。事实上，他的表现甚至让人觉得死亡值得期待。他相当自满地认为，死亡是灵魂脱离肉体的时间点，也是灵魂重新获得自由的时间点。这里，柏拉图强调的不只是灵魂与肉体、实在与表象、理念与感觉、理性与感官的二元立场，他还提供了一个道德立场。前者（灵魂、实在、理念与理性）必然高过后者（肉体、表象、感觉与感官）。这里所讲的"高"，不仅仅是价值的判断，在实践上我们也应该奖励前者，贬抑后者。由此，我们可以推论，柏拉图的二元论立场，其结果是追求禁欲的生活，表明在他的政治理想中对于领导者的要求。不过，柏拉图并不强制要求每一个人必须活在禁欲的生活中，只是强调灵肉之间的差异是哲学理解的结果。因此，禁欲的人生应当是哲学家以及领导者生活的写照。

2. 好的理念

延续前面灵肉二元的讨论，我们可以发觉，真实的存在必然是思想的结果，而不会是感觉的对象。重视思考，轻视感觉的结果，使柏拉图拒绝承认经验知识的价值。这个结果，说明了为什么柏拉图特别重视数学。但偏好思考与推理的知识，需要有理由进一步说明为什么思维的价值高于感官的价值。面对这个问题，柏拉图直截了当地回答道，因为好的理念仅存在于思维之中，一切来自思维的理念比较崇高，正是因为它们共享了只存在于心灵中那个好的理念。

同时，因为对于好的理念的向往，所以这个理念也是事物为真的理由。

好的理念，就是为真的理由，可以用情人的例子做说明。比方说，若不是因为觉得某人好，就不会"真正地"去爱他（她）。所以，成为情侣的真理由，正是因为好的理念，否则我们不会认为这是一段真正的情感，两人算得上"真正的"情人。柏拉图把这个从"好"到"真"的理念推广至所有的事物，认为它们能够存在的理由就是因为融入了好的理念。延续这个理念，柏拉图认为因为理念而形成的世界才是真实的世界。

3. 死不足惧

死亡的意义，就是脱离肉体。当柏拉图认为肉体是一切阻碍理性的缘由时，便在禁欲主义的思维下告诉我们，所有食欲、性欲、权力欲都因肉体的需求而产生。这些争名夺利的需求阻碍灵魂向上发展。因此，对于一个处处追求纯正知识的哲学家而言，他所期望的事情，都是脱离身体后就能轻易获得的。哲学家以追求真理为人生目标，所以他期待的知识，在死后的理想世界中俯拾皆是。

这个观念导致柏拉图强调人世中最应当追求的知识，就是数学与逻辑的直觉。柏拉图不仅强调获得这种纯粹知识的重要性，还把思考的方式作为人格上的训练。在这种特别练习下，当面对死亡的时候，像苏格拉底这样的哲学家会非常坦然地面对人生的终结。苏格拉底之所以能够临死无惧，正是因为他一生中都不停地为脱离肉体做好准备，并且不断地练习活在永恒的知识中。

4.死生相循

轮回的观念出现在柏拉图哲学中的事实，让人感到震惊。然而，如果我们跳出苏格拉底的格局，综合前苏格拉底哲学家赫拉克利特、巴门尼德与毕达格拉斯三人观点来看，我们可以发现，变化、不变与灵魂不朽三个观念的统合，自然而然会产生轮回的结果。

我们可以想象，在充满变化的纷杂现象中，赫拉克利特归结出唯一"不变"的原则就是"变化"。这使得我们能够用相对的概念，即变与不变，提升思考的层级，让思想中的对象经由概念化以及普遍化的过程转变成统一的概念（由变化的现象到变化是不变的原则）。然后，我们可以继续提升思考层级，就像巴门尼德一样，认为无论变还是不变，都是存在的展现方式。一切事物之所以会存在，必然有一个存在的理由，就是"存在"的本身。存在本身是不会变化的，因为它必然存在于所有存在的事物之中。

最后，综合变与不变的存在哲学之后，柏拉图再加上毕氏学派的灵魂不朽概念。这个概念架构，让我们理解生死相循，如同变与不变，都是一对相对的概念。从生可以知道死，而从死可以知道生。在这个相对关系上，我们可以归结出，生命与死亡的相循，发生的原因正是灵魂不朽。灵魂在通过肉体转世的过程中，虽然表面上出现了生命与死亡的差别，其实生死都是灵魂存在的不同状态。

我们可以用一个转台来比喻生死相循的概念。灵魂像是一盏灯，照在生命的转台上，当它转向灯光时，明亮的生命展示在灵魂的光中，处处显得真实；当背离灯光，转向黑暗时，生命离开灵魂进入肉体。虽然灵魂倾向光明，可是黑暗总是会在光明的终点出现，让灵魂再度与肉体结合，回到我们的世界中。因此灵魂就是纯粹的生命力，是真实而且不受肉体限制的光。当死亡让它脱离肉体回到它的理想世界时，它自然与智能结合，成为知识与永恒的一部分。但是，当黑暗的肉体再度与灵魂结合时，灵魂又必须活在生、老、病、死、爱、欲、情、仇的熙攘人生中。

5. 哲学人生

柏拉图的生死观并不适用于所有人，而是针对哲学家的。这个类似基督教神学的系统，告诉我们死不足惧的理由，在于死后的世界是我们与真实世界聚集在一起的世界。智慧是好的，而喜欢智慧的人正是哲学家。因此，哲学家面对死亡时，应该像苏格拉底一样，感受即将与智慧结合的快乐。快乐的理由包括活在理型的世界中、处处接触的都是真知、不需要再用回忆的方式追求知识。这是理想的世界，也是在做人的时候选择哲学家生命得到的最大回馈。

对于其他非哲学家的生命，柏拉图会怎么说呢？这是非常有趣的问题，因为灵魂转世是不可避免的转动，所以不是那么纯粹以真实为主的灵魂必然会受到面对转世时的惩罚。若是在世时不能做出哲学这个选择，或是偶尔偏爱智慧，却无法进行有效练习，将灵魂提升至哲学家的爱智境界，则因为情节不同，出现不同的结果。恶劣的人会变成阴间的厉鬼，或转世成为动物。至于变成哪种动物，则视今世所展现的个性而定。阴狠的人转世为狼鹰，愚笨的人转世为驴马，个性善良而无福亲炙哲学者则转世为蜜蜂或蚂蚁这种群居动物。换言之，只有哲学家死后可以上天堂。

四、柏拉图的系统哲学

无须多说，任何人看了柏拉图的理论都会感觉这是一个充满伦理教化的系统。从延续苏格拉底的伦理学转向而言，柏拉图是成功的，因为他合理地解释了道德的力量与追求向上的精神。此外，柏拉图最厉害的地方有两点：第一，这个充满伦理意涵的理论，来自他的抽象系统，理型概念与灵魂不朽这两个极为抽象的概念组成系统的核心。第二，柏拉图综合了前苏格拉底哲学家的思想，却能够将原先以物质一元论著称，而且深具经验科学思维的哲学，巧妙地转化为伦理学思想，并且还深具规范意义，甚至其中部分内容已经具有发展成为宗教的雏形。整体而言，我们不得不佩服这位哲学天才的手法，借用苏格拉底之口，综合各家之言，说出他心中道德的真谛。现在就针对柏拉图的哲学系统，提出如下六点扼要说明。

知识与信念的差别

柏拉图的哲学系统缘起于苏格拉底有关伦理的讨论。在这些讨论中，苏格拉底总是不断地通过对话，分析与论述德性不仅是我们在日常生活中所累积的传统信念，而且必然是举诸四海而皆准的真理。在苏格拉底的影响下，柏拉图延续道德知识主义的发展，结合了道德与知识，并且区分了知识与信念的二元论思维。

不过，柏拉图的二元论并非截然二分的，因为知识与信念之间的差别并不是绝对的，而是知识与"受污染知识"之间的关系。换言之，知识是纯粹的真理，而信念是我们囿于身体所处的时空限制所能够掌握的有限知识。这是很重要的区别，是柏拉图哲学的核心。哲学之所以是理性的，是因为我们以共同的经验为出发点，而经验的有限性让我们引申出无限知识的存在。

这个"引申"可以说是柏拉图观念中最容易被误解的地方。因为，纵使知识与信念非常不同，但它们之间的联系并非是不可能的。思考的逻辑可以帮助我们突破知识与信念之间的差别，正如同米利都哲学家在面对变动的现象会想到追求不变的本原，甚至渴望能够找到它作为解释变化的基础。同样，我们也可以在信念中想到使信念成为可能的知识。这里的"想到"，在柏拉图的表达中就是回忆。

理念的回忆

我们能够进行数学推理以及知道正确答案的原因是什么，没人能说清楚。至少没有人知道别人是怎么进行推理的。但是，拥有推理经验的我们，可以很确切地知道，我们所拥有的知识绝不只是感觉所察觉的外在世界而已。例如，我眼前迎面走来两位女士，年龄有些差别，然后我脑海中猛然闪过一个概念：母女关系。我们的世界中只有人，却没有人与人之间的关系。那么我脑海中这个"母女关系"打哪儿来的呢？这种关系还可以用符号为代表，说明她们之间更进一步的关系，甚至可以发展出非常复杂的推理与计算。这些复杂的程序，讲得头头是道，却都是我们这个世界中观察不到的事物。

面对这种现象，我们需要思考，我们是怎么知道这一切通过思维所获得的纯粹知识呢？柏拉图的答案是回忆。其实他讲的是我们意识中具有创意的活动。坦白说，这种意识活动并不稀奇，比较特别的是，他把这个活动解释为专属于灵魂的活动，缔造灵魂界的知识，成为灵魂存在的证明。借着这个"证明"，柏拉图提出一整套说法，说明为什么我们能够只靠思考、不用感觉就知道这种绝对真实的知识。他以我们"忘掉"前世的知识作为说明，却也成功地以回忆的概念解释了我们意识中有推理能力的原因。

伦理上的高低

虽然柏拉图的理念核心是一个区分真实与表象的二元论观点，但做区分并不是他主要的目的。他的二元论并不是指两个不同的世界。恰好相反，它们是同一个世界，只是它们之间的关系处于相对的位置，一个是完美的，而另一个是不完美的。我们说过，关键在于灵魂与肉体的区别，而属于灵魂的世界因为不受肉体的干扰与影响，所以是完美的原型。其他的事物，因为仅具有与原型类似的相似性，所以只能算是依照模型所做的复制品，不是真实的呈现。

这就好像是说，所有的事物都可以用数字表示它们的量，但事物本身不是数字，只是可以用数字来代表。对于这个"代表"，柏拉图倒过来想，认为事物"参与"了数字的理念。借着这个参与的概念，柏拉图认为，我们在日常生活中所看到的个别事物，只能算是理念的模仿，却无法达到理念的层级。他认为，没有理念提供参与的机会，事物根本不具有存在的可能性。因此，理念是存在的必须条件，而事物只是偶然地因为参与了理念，获得了存在的机会。

柏拉图把这个观念转换成为伦理学上的高低层次。他认为，理念世界中的一切都是独立自主的，而我们的感官所察觉的这个变动世界必须依附理念世界。这个观念成为柏拉图系统中最重要的特色，也就是理念高于感官，而肉欲的地位相对而言低于求知的欲望。伦理学的高低层级，转变成柏拉图系统中非常具有规范性的原因，感官世界中的一切都不会是德行的真实代表，而能够做出德行的唯一方法，就是不断地提高思想的层级，跟随理念的脚步。

参与理型的过程

理型的理论来自苏格拉底追求道德知识的结果。苏格拉底通过对话与不断地自我检验，发现没有人能够说出真理，人必须承认无知。这里说的无知，对柏拉图而言有两个层面的意义：第一，我们作为凡人，的确无知于真理为何；第二，我们作为拥有灵魂的人，具有"回忆"真理的可能性。在这种情况之下，柏拉图扬弃了苏格拉底那种人人可以获得真理的乐观主义，转而将社会中所有人分成高低不同的阶级。柏拉图不仅在他的政治理想中提出阶级的观念，也通过这个理想说明了理型世界决定存在的议题。在理型世界中，理念不但是存在的基本原因，也表示着道德高低的差别。理型世界超越了我们的认知，因为理型世界以发光的方式让我们感受到它的整全性。

我们以真、善、美这三个理念为例，可以发现理型世界的展示。就像黄金一样，只要掌握任何分量的纯金，就可以知道所有黄金所代表的价值，这是普遍的、整全的与客观的。正如同我们经常会用真善美的理念来形容感觉，但我们不会也不应从个人的角度笃定地说真善美就是我们的感觉。我们不会从个人的感觉确定真善美的原因，正是因为它们是普遍的、整全的与客观的理念。

理型世界就是这样一个分别代表真、善、美的理想。在这个理想世界中，我们不但将理型视为一切事物存在的本原，而且是经过思考才能获得存在的理由。理型通常以这些概念呈现，指的都是普遍名词。这类概念包含现实世界中的一切，在事物上有人、猪、马、牛，或是质量讲求的大、小、轻、重，以及关系上讲求的君臣、父子、兄弟、夫妇、朋友等。这些普遍概念不但共同构成了一个概念世界,还在概念与概念之间的关系上建立了一个逐步提升的抽象过程,一直延续着概念纯化的过程,最终达到好的理念,成为一切存在的基础。

这个概念化的过程有些抽象,不过从生活的实际面来看,确实是如此。比如说,我们环顾生活中存在的一切,大多数均来自我们所处的政经制度。一个有全民医疗保险的国家,相比没有这个保险制度的国家而言,人民生活中的一切将大不相同。如果我们问为什么不同呢?答案可以回推到有关人权的理念。

在一个建立了全民医保制度的国家中,多数人认为人人拥有受医疗照顾的机会是基本人权的一部分。然而,对于美国这个最强调基本人权的国家来说,却有许多人认为,基本人权是个人自由选择要不要购买哪一种医疗保险。对于某些认同自由理念的人而言,一视同仁的廉价保险政策,在忽视了个人选择的自由之外,也让其他人不必付出即有机会享受社会资源。两种理念(基本人权与自由人权)都是基于好的理念而生,但一旦它们落实于现实世界中,会出现截然不同的社会,甚至相反的世界。这两种社会都起源于一个形式的"好"。这个好的理念,让我们知道思考的方向,但在落实它的时候,许多现存的限制让我们往往觉得说起来容易做起来就困难多了。

在这个深化的理型世界,出现了两方面的问题,需要做进一步的厘清。第一，如果理型世界中的一切理念都源于好的理念，那么要如何解释理型世界中那些诸如嫉妒、仇恨、残暴与自私等绝对恶的理念呢？难道善与恶的理念在理型世界中是同源的吗？第二，如果理念就是事物的整体描述的话，那么所有理念的类型当中，最具争议的应当就是关系的理念。争议的主要原因是，我们在感官世界中所看到的个别事物与用来描述该事物的整体概念之间，究竟是什么样的关系？

例如，我眼前这支笔，它与"笔"之间的关系是什么？它如何参与了"笔"的理念？我们是不是需要一个新的理念来说明这个关系呢？这显然是一个很复杂的问题，因为在柏拉图的理型世界中，如果无穷多的理念可以用来解释个别事物与关系的话，那么这个关系所代表的个别事物会不断地衍生出新的关系，一直到无穷多的"关系"理念。

这两个问题的意义很不同。前者明显是一个介于伦理与宗教之间的问题，问的是人有没有可能针对善恶的观念做决定性的判断。第二个问题则是一个形而上学的问题，问的是理念以什么方式存在于我们这个现实社会中。对于这两个问题，柏拉图似乎毫不在意地把理型世界的理念当成来自我们心灵中的"真实世界"，让我们通过回忆，反而质疑这个现实世界存在的理由。

不难看出，"回忆"这个说法是为了要证明灵魂不朽。但这个说法终不免有些问题，使得柏拉图的哲学成为自说自话的理论。这个理论假设，有一个由灵魂所构成的世界，包含一切真实的知识，是思想才能够企及的世界。因此，我们在此所提的两个问题，其实都是在质疑柏拉图的唯心之论。第一个问题是问，如何将恶的理念排除在以完美著称的理型世界之外？第二个问题则从更为根本的角度质疑，理念真的可以与经验分得一清二楚吗？

我们先看第一个问题的解答。问题的关键在于探讨理型的世界中会不会包含负面的理念？这个问题并不难回答，因为答案就是柏拉图的那句话，存在就是好。换言之，好的理念就是使得存在成为可能的充分必要条件。这里所谈的存在，不是人为判断下的好或不好，更不是约定俗成下的正面与负面之间的差别。这里所谈的存在，更像是巴门尼德所说的一个整体概念，完全不牵涉人为的判断。

但是对于柏拉图而言，能够存在必然有存在的理由。这与古希腊哲学中的自然观念息息相关，也就是我们只能针对存在的理念进行讨论，却不能探讨存在会发生的理由。人没有针对存在做判断的能力，甚至神也没有这种能力，因为它也是存在的。因此，像嫉妒这种理念之所以是负面的，不是理念本身，而是人的判断。在某些情况中，嫉妒有可能是不明就里的判断，也有可能是奋发的动因。无论如何，面对理念的存在，人的想法是微不足道的。

理念的阶层性

第二个问题是比较复杂的问题，牵涉到我们常使用的关系概念转变成逻辑上的问题。举例来说，迎面走来"两位女士"，然后你脑中立即浮现"母女关系"。柏拉图所提出的理念，面对了两个层面的问题。第一个层面是这个"母女关系"与"两位女士"之间是什么"关系"，让我知道"她们"是"母女"？我们知道，如果这样推理下去，会没完没了，可以一直不停地问是什么关系让我知道关系与关系之间的"关系"？

另外一个层面可以以我个人为例做说明。根据柏拉图的说法，我的灵魂就是我的理念。那么，因为我也是人，是不是在我的身上也涵盖了人的理念？现在，就理念而言，"我"与"人"这两个理念之间有什么关系？很明显，它们之间有逻辑上的归属关系，也就是说，"我"属于"人"。但是，就理念来说，情况可能就不会像逻辑所说的那么明确了。我们每一个人都会觉得自己是独特的，与众不同的，甚至有能力自由选择要不要与他人共享心灵。这也就是说，我独立在人之外，而这与逻辑上的归属感是不一样的。"所有人"中必然包含"我"这个理念。但在"所有人"与"我"这两个理念之间又存在什么关系呢？很明显，我们在这里又回到了关系的问题。

就这两个层面而言，我们可以看得出来，问题发生在我们往往会情不自禁地把"关系"这个原先超越经验的普遍理念，当成一个代表个体经验的概念，然后不停地问，这个"个体概念"与其他"个体概念"之间有没有其他共享的理念？现在让我们看一看对于这个问题，柏拉图是用什么方法解决的。

首先，柏拉图并没有给我们一个有关理念是什么的明确定义。他一直不停地引用很多价值理念（例如美、好、善）、形式理念（例如数学、数字、关系）、衡量理念（例如大小、高矮、胖瘦），以及各式各样的类别说明理念的内容。但是无可否认，这个介于理念与理念之间的问题，却不停地困扰着他。面对这个挑战，柏拉图早先并没有提出具体的解决方案，但在其晚期的哲学中，逐渐指出理念的"阶层化"是类似问题的解决方式。

问题的核心在于，每一个事物都"参与"了这个事物的理念。因此，这个理念与这些事物之间的关系就成了最难定义的问题。首先，什么是部分参与？哪一部分的理念反映在个别事物上？哪一部分没有办法反映出来？无论是反映出来的，还是没反映出来的理念，是在什么标准下进行切割，分离出来的？完全抽象的理念，怎么可能像具体的个别事物一样，进行外在的切割呢？事物与理念之间的关系，是多元的还是一对一的？面对这些问题，柏拉图的答案就是理念的阶层性关系。

无限多的事物，对应无限多的理念，而这些理念彼此之间如果具有相同的地位，那么就会出现理念与理念之间进一步的"对应关系"的问题。面对这个问题，柏拉图认为，唯一的解决方式，就是大胆地宣称所有的理念是一个独立的系统，而且它们的组成方式决定理念在这个系统中的位置。越在上层的理念越是普遍的、形式的与抽象的；而越下层的理念，越是个别的、感官的以及实质的。上下层理念之间之所以会呈现阶层性的理念关系，是因为最上层的理念，也就是"好的理念"是唯一的理念，是一个没有实质内容的纯形式理念。

这个"好的理念"像光一样，普遍地照向下方的理念。这个照耀的过程，伴随着阶层而逐渐加强，增添实质的内容，却也越来越容易被感官察觉，受到困扰。在好的理念的下方，是两个代表数学的形式理念，数字（包含奇数与偶数）与无限的理念。在这两个理念底下，又可以进而推导出各式关系的理念，然后一直推导到我们的日常生活当中。所有日常事物能够被察觉，都是因为它们参与了理念，依附在理念系统之中，并在理念的光芒照射下成为被观察的事物。

理念的阶层性固然解决了理念与理念之间无限推导的问题，但是柏拉图心里很明白，作为一个人，其所拥有的有限认知当中，并没有能力能证明这个阶层性存在。因此，他所能做的，就是面对理念所形成的逻辑问题提出反思与假设。虽然我们认识的世界是感官世界，可是因为能够察觉到感官世界的限制，我们才能够进而假设超越感官世界之外还有另一个世界。这个世界不但是一个整体，而且是一个有阶层性的系统。为了让这个系统跟我们所能够察觉到的世界不完全分离，柏拉图进一步提出了目的论的立场，解释我们为什么以追求理想世界，沿着阶层向上提升，达到与"好的理念"共荣共存为终极目标。

目的论的立场

目的论的立场具有完备化柏拉图哲学的功能。没有这个立场，我们没法理解为什么在现象与理念之间，属于理念界的"好的理念"是一切存在的根源、理由，以及所有现象界都必须依靠的目的。这是柏拉图不得不假设的立场，因为不做这个假设，理型世界与感官世界之间的关系就会出现像巴门尼德哲学那般的结果，认为存在的概念是一个纯粹思维下的产物，与人间事物没有一点关系。

巴门尼德的立场不是柏拉图想要的；他想要的是以今生模仿来生、以出世度量入世、以理想检查缺陷。我们说过，柏拉图事实上不要断裂的二元论思维，而追求一个完整的世界，将变与不变连结在一起的同时又能发现它们之间有本质上的区别。因此，现象界的地位不但是理念界的他者、模仿者、参与者，也是依附者。我们在现象中观察到的一切，尤其是世界的发生与变动的出现，根本原因是理念，因为理念本身是不变的。

我们能够知道事物之所以会产生变动的原因，在于我们相信不变的原则存在。不但如此，我们还会渴望知道这个不变的原则，并且依附它来理解日常所观察到的现象。对于柏拉图来讲，现象依附在理念的理由有实质的必要性，因为我们是有求知欲的理性动物，想要了解为什么会发生变动。而不变理念的存在，就是为满足我们求知欲望的目的。这个目的不但是现象界依附理念界的理由，本身也是一个以好的理念为最高阶层的方向。当然，这种方向感也是使得柏拉图哲学更加圆满的主要理由。

五、伦理思潮的源泉

柏拉图活了 80 岁，著有对话录 30 多篇，其中纵有伪作的可能，也不能改变他的思想为西方哲学定调的事实。在这个极为庞大的哲学系统中，单就我们所介绍的部分而言，不得不问，在这么多的哲学概念中，哪一个对后世哲学发展起了最深刻的影响？如果我们必须回答这个问题的话，那么我会选择理念阶层性的伦理意涵。

这个概念结合了理论阶层化与目的论立场，以理型世界为真理的来源，也以模仿理型世界为目的。这个目的具有的伦理意涵，就是从世间纷杂事物中体会理型世界是真、善、美的代表。虽然这是一个充满伦理的立场，但它只是假设，我们没有证据说它是真的。那么，我们必须要问，为什么一个哲学假设不但能够显现道德的力量，还能够流芳百世，成为显学呢？答案就是从一开始，柏拉图的哲学就采用毕氏学派的宗教观点，并且通过数学的纯形式经验，将灵魂不朽发展成道德行为的根基。纵使柏拉图本人并未涉及宗教信仰，但是当基督教在中世纪兴起时，它在引用哲学方法支持教义的努力中很巧妙地与柏拉图哲学结合在一起。虽然做了许多修正与改变，但柏拉图哲学依然为基督教哲学的发展提供了理性思辨的基础与准备。

受毕达哥拉斯学派的影响，柏拉图不但推崇数学推理，而且在苏格拉底的对话中，让我们感受到数学知识的真实性远远超过我们日常经验中所获得的真实感觉。数学这种普遍的真实感觉，被柏拉图发展成为灵魂不朽与理型概念两种相似也相通的思想。最有意义的地方是，这两种思想被柏拉图转换成充满宗教意味的概念，并且成功地影响了基督教哲学的发展。

我们必须强调，柏拉图的哲学只具有宗教意味，并没有宗教。灵魂的世界与理型的阶层，在柏拉图的巧妙结合下，虽然形成了另一个有阶层的理想世界，却从来没有真正与这个充满变化的现实世界分离过。柏拉图利用"参与"、"模仿"与"光照"等比喻不断地强调这个理想世界的高超性、优越性以及完美性的结果，让人产生的感觉就是"心向往之"。这种高尚价值的吸引力，在强调灵魂世界的努力下，可以发展成为基督教一神论思维的支持立场。

此外，在发展理念阶层性的思想中，柏拉图提出以实现"好的理念"作为人生目的的看法，对于进一步发展宗教哲学也是影响深远的。我们可以说，柏拉图建构了一个对话的平台，让充满宗教情操与伦理意涵的人能够各取所需，发展出日后影响我们生活至为深远的哲学思想。直到今天，这种影响依然非常重要，即使在现代世界，随着科学崛起而宗教式微，但人们对于伦理方向的期待，依然在众人心中扮演着重要的角色。柏拉图的哲学为这种期待提供了最完整的系统。

第 五 讲

亚里士多德

摘　要

　　亚里士多德是柏拉图最有名的学生，原因是他批判了老师。亚里士多德的批判，集中于恢复日常经验的价值，以及它在建构知识中所扮演的角色。在分类极为详明的系统中，亚里士多德建立了完整的经验科学，其中包含生物学、逻辑学、物理学、形而上学、伦理学以及政治学。虽然以今天的观点来看，这个科学系统乏善可陈，但是在长达近两千年的时间中，这个系统不但是唯一的科学典范，还因为以经验为师，依常识建构的成果，成为最合理的知识架构。这个科学系统的完整性，也为后来的科学革命指出了批判的方向。此外，在西方哲学的发展中，亚里士多德的哲学系统与柏拉图的哲学系统成为两大选项，让后人在学习哲学的过程中拥有饶富思考价值的素材。

亚里士多德（公元前 384—公元前 322 年），诞生于位于希腊大陆北边色雷斯的斯塔基拉（Stagira）城。亚里士多德的人生，18 岁之后大致可以分为三个时期：雅典就学、离开雅典与雅典创学。雅典是他一生的成就之地，也是他的伤心之地。

贵为马其顿国王菲利二世御医的儿子，亚里士多德 18 岁时到雅典留学，进入柏拉图学院。这学一留就是 20 年，直到公元前 347 年柏拉图去世，他才离开雅典，转往小亚细亚。他离开雅典的原因不明，有人从阴谋论的角度说，原因是柏拉图没将校长的职务交由亚里士多德继承，而是给了自己的侄儿斯珀西波斯（Speusippus）。比较合理的说法是马其顿的军事崛起威胁到雅典，雅典城内产生反马其顿人的风潮，亚里士多德可能在柏拉图去世前就离开雅典了。

亚里士多德不是雅典公民，这让他一直以外国人的身份面对雅典这个哲学的圣地。这份尴尬的情怀，却没有影响他成为与柏拉图齐名的哲学家。亚里士多德离开雅典后，在海边搜集了大量数据，从事海洋生物学的研究。后来，他回到马其顿，担任亚历山大大帝

（Alexander the Great）的私人教师，史称"权力与智慧的交会"。

公元前335年，马其顿攻克雅典，亚里士多德重返雅典，并创建了自己的哲学学校吕克昂（Lykeion）。据传，在校园中，因亚里士多德及其弟子一边散步一边讨论哲学问题，故史称此校为"逍遥学派"。不过好景不长，亚历山大大帝于公元前323年辞世让雅典人反马其顿的情绪高涨，人们考虑以"不忠"的罪名起诉亚里士多德。于是，他于公元前323年移居到卡尔基斯（Chalcis），并于次年过世。

亚里士多德一生中的这三个阶段里，以在雅典求学那20年最为重要。人说"吾爱吾师，吾更爱真理"，讲的就是亚里士多德与柏拉图的关系。这句话并不是亚里士多德说的，却深深地表现出亚里士多德哲学的特色。整体而言，这句话的含义在于亚里士多德是有意识地批评柏拉图，但并不代表亚里士多德与柏拉图两人的哲学全然不同，而是说亚里士多德应用相同的题材，致力于发展一种独立于柏拉图哲学的观点。这观点构成对柏拉图哲学的批判，其中最主要的就是指出理型独立存在的问题。

亚里士多德直截了当地挑战了柏拉图的问题，认为我们怎么可以罔顾事实，怀疑这个现实世界，肯定那个超越的理想世

亚里士多德：
扎实观察自然的科学家。

界？这是亚里士多德哲学中的一大特色，但并不是他著作的唯一内容。亚里士多德的著作卷帙浩繁，它们构成了一个完整的系统，解释了一切有关天文、地理与人性的知识。这个系统，曾经主宰西方哲学与科学长达千余年之久，至今评价不一。但责任不在亚里士多德本人，因为他并没有企图当这个主宰，而是中世纪人视他的哲学为权威。

虽然亚里士多德存留至今的著作很多，但多为上课笔记所组成的内容。据传亚里士多德的著作也是以当时流行的对话录为主，不过相较于柏拉图的对话录，他的著作多已失传。亚里士多德现存的著作是经历了复杂的手稿传抄历程而辗转传下来的，出现的时代都不早于公元9世纪。主要是因为在中世纪时期的前500年中，除柏拉图思想外，基督教教会对于古希腊哲学并无兴趣，因此到了12世纪以后，当欧洲重燃对亚里士多德哲学的兴趣时，还需要从阿拉伯文将亚里士多德的作品翻译回拉丁文！

纵使如此，这些版本上的问题仍然不能阻挠我们对于亚里士多德思想的大致掌握。整体而言，亚里士多德对于所有可能认知的事物，提供了一个完整的解释系统。这个系统是全面的，因为它包含一切经验的内容。经验不是一个很容易理解的观念，但是从真、善、美的角度来看，我们可以针对亚里士多德所讲的经验有一个大致轮廓。我们每一个人都会有美学经验、伦理经验与科学经验。亚里士多德依照这三种不同的经验，区分出三种知识型学科。这也说明了亚里士多德对知识的基本立场,那就是一切知识都来自经验。

代表美学经验的是生产性的学科(productive disciplines),包含模仿与创造两种,主要学科是绘画、舞蹈、建筑等。这类学科关心的是行为者如何制造可见的产品。

代表伦理经验的是实践性的学科(practical disciplines),包含伦理与政治两方面,主要学科是伦理学与政治学。这个学科关心的是个人行为者如何针对行为做判断、行动和选择,以及群体行动者如何做判断、行动和选择。

代表科学经验的是理论性的学科(theoretical disciplines),关心的是真理本身。这是我们一般所谓的科学,来自经验,是调查研究的结果。调查过程中,先选定一个研究对象,研究以追求理解该对象的本质为主。理论性的学科还可以依照研究对象分为三种专门科学:

"**自然科学**":针对不同的主题,以展示变动的对象进行研究,通过归纳方法,提出普遍性的理论,包括所有的理论科学,例如物理学、心理学、植物学、动物学、气象学等。

"**数学**":针对推理,以不会变化的对象进行研究。数学家与自然科学家有可能研究相同的对象,但研究方法不同。数学家面对对象(例如一个圆形的轮胎),在推理证明中,以抽象的方式处理这个轮胎的形状,然后将圆形当作完美的,不考虑轮胎的属性。在抽象过程中,由公理经由推理所得出的定理可以被当成普遍的与必然的。

"形而上学、第一哲学或神学"：亚里士多德提出一种特别的理论科学，专门探讨存在的问题。他称这种科学为"第一哲学"，但现在我们将他这种学科视为"形而上学"，或是认为这是讨论一切创造之起源的学问，所以也可以称为哲学意义上的"神学"。这种科学针对不同的主题，但都是以不会变化的对象（也就是存在）进行研究。

从亚里士多德对于经验与科学的分类研究中，我们不难看出这是一种强调分门别类的系统论。这个系统最特别之处，在于它的完备性，不但解释一切与经验相关的事物，也包含语言、思想与世界。因此，在接下来的篇幅中，我们将针对语言与世界的关系、发生变化的原因、存在的解释、个人行为的判断以及政治制度的分析，分别介绍亚里士多德的逻辑学、物理学、形而上学、伦理学以及政治学。

一、逻辑学

亚里士多德的逻辑学意义广泛，包含语言哲学、演绎逻辑与科学哲学三部分。对他而言，逻辑本身并不是研究科目，而是帮助研究的工具，这也是为什么亚里士多德的逻辑学著作书名就是《工具论》(*Organon*)。为了扮演好"工具"这个角色，亚里士多德的逻辑学告诉我们，哲学研究必须从最根本的地方做起，将我们想的、说的与真实连结在一起。任何联系到真实的想法，就是建构科学知识的开始。

对于亚里士多德而言，哲学研究的工作，就是将"我们所知道的自然"进一步发展成为"自然就是我们所认识的那样"。这个观念，听起来有点复杂，但其实就是我们在求知过程中所做的事情。例如，我们看到人，发现他们都有"恻隐之心"，然后我们会归纳说人自然是"有同情心的动物"。这里的"看到"，是我们个人能够观察到的，而"自然"是我们归纳出来的普遍规律。

对于亚里士多德而言，这就是建构知识的过程。明眼人一看就知道，我们是看不到普遍规律的，但这却不影响我们应用归纳法宣称拥有普遍的规律。问题是，在没有无错知识的情况下，我们可以宣称什么样的知识？对于这个问题，亚里士多德给出三种答案：一种是理解的知识（例如我们理解"凡事必有因"），另一种是证实的知识（例如"太阳必从东方升起"，而"今天是艳阳天"，所以"今天的太阳从东方升起"），还有一种是约定的知识（例如"大家都说读书对拓展人生有用"）。

亚里士多德是一个系统哲学家，所以喜欢谈系统分类，也强调我们只有这三种知识。这三种知识都是我们从日常生活中，综合观察个例所得，归纳成为规律。我们在追求知识的过程中都希望这些规律就是自然规律，不过，就像股票投资人一样，每当发现规律时就想大捞一笔，但一旦投资下去，总是发现市场与规律仍有差距。投资人就是追求知识的人，而对市场预测的趋势，就是我们对于自然所期待的规律。

亚里士多德的研究就是以观察为基础。但因为我们在观察时，只有观察表面的能力，所以我们所看到的其实是大家都有的信念，而不是知识。想要拥有知识，还是需要像苏格拉底那样，不断地挑出信念中的错误，去芜存菁，以真为本。这是求知的方法论起源。亚里士多德的主要贡献，就是以论证的方式，质疑所有他之前的前苏格拉底哲学家所做的结论。这也是为什么亚里士多德的哲学充满集大成者的味道。

亚里士多德的逻辑学主要分为四个部分：字词与世界的关系、语句反映了动作、三段论证的演绎推理以及应用推理建构科学知识，这四个部分共同形成了一幅完整的图像。让我们从最为根本的"词与物"的关系开始思考。

词与物

亚里士多德的哲学起源来自这个问题：为什么我说一个词，别人可以感觉出这个词在说什么？例如说，当我说到"马"，听的人就会想到"马"这个普遍的概念，但任何人想到的"马"必然是一匹具体的马。那么，如何将"说出来的马"、"想到的马"与"一匹真实的马"连结在一起，就是一切哲学的起点，也就是语言与世界的关系。

亚里士多德的想法并不复杂，因为他认为，我们的思想反映在语言的表达，也确实说出自然的内容。他也从常识的角度看待普遍名词与思想概念之间的关系，因为他认为，即使我们的思想有可能出错，但这个错误不至于影响我们对于"马"这个普遍名词的认知。我们对"马"认知的结果，就是马的定义。马不复杂，因为在现实中可以指认出来，但是对于"人头马"这种不能指出来却可以想象的名词呢？亚里士多德认为，这种现实中不存在的词，没有普遍定义。另外还有的名词，具有多种普遍定义的可能（例如"校花"可以是"学校的代表花"，也可以是"学校里最漂亮的女生"）。

这种可以多重定义的词，对于亚里士多德而言，有特别的意义。他认为，许多哲学中的错误，来自我们错误地以为每一个词只会有一种普遍意义，却忽略了有许多词其实可以有多重定义的可能。忽略这一点的结果，就是我们往往将两种完全不同的意义搅和在一起。在后文有关"物理学"的介绍中，我们就会看到，亚里士多德就是以"原因"为例，说明一般人因为忽略原因有多重定义，导致在沟通的过程中出现歧义。

词与物之间的关系，构成亚里士多德有关存在的基本论述。他发挥系统化知识的能力，认为存在十种能在语言中指称的词，代表思想中所有涉及的对象，称为范畴。这十种范畴是：实体（例如特定对象）、数量（例如数）、性质（例如内容）、关系（例如父子）、地点（例如在哪里）、时间（例如何时）、所做（例如做什么）、所有（例如拥有的内容）、活动（例如做哪些事）以及感受（例如七情六欲）。亚里士多德不但认为这十种范畴决定了一切存在，他还特别凸显实体的意义。

实体之外的其他九种范畴，都是用来说明事物的属性。例如，"我右手有五根手指"，这句话中就包含各式属性，如数量（五）、性质（我、手、指头）、关系（右）、所有（有）等。这些属性都用来描述一个存在的事物，这就是实体。如果没有实体，属性是不能存在的。实体本身虽然无须依靠任何东西而存在，但对于使用日常语言的我们而言，不能描述的事物等于"不存在"。

语句的由来

亚里士多德在说明词与物之间的关系之后，进一步解释语句的由来。简单说，一个陈述句，就是由名称和动词所组成的句子。例如说，"张三跑步"这句话中，"张三"指的是某人，而"跑步"是描述性的动词，意指这个人的状态属性，也就是所做。在语句中，动词还具有断言的功能，确定了陈述为真的条件。例如，说"张三跑步"，可以检查这个叫"张三"的人是不是在跑步。

喜欢用系统来解释所有语句的亚里士多德，依照普遍主词与个别主词，以及肯定动词与否定动词，将所有语句结构区分为下列四种：

（A）所有人都是白人。

（E）所有人都不是白人。

（I）某人是白人。

（O）某人不是白人。

这四种句子之间呈现三种关系。"所有人都是白人"与"所有人都不是白人"之间是相反的关系。"所有人都是白人"与"某人不是白人"以及"所有人都不是白人"与"某人是白人"之间，是矛盾的关系。"所有人都是白人"与"某人是白人"以及"所有人都不是白人"与"某人不是白人"之间，是蕴含的关系。

今天，当我们再看亚里士多德对于语句所做的分析，会觉得他过度简化了语言的复杂性。语言怎么可能只有四种句型，其他如疑问句、惊叹句等，都不是单纯用肯定或否定就可以说明的。不过，就亚里士多德想要发展的演绎推理而言，这个简化的语句确实有助于他建构一个完整的逻辑系统。这个系统中最重要的部分，就是包含是或否的命题语句。命题与外在世界之间有是否符应的关系（例如，说"武松身高一丈二"，是可以实际丈量的），能用来检验这句话的真假。通过检验链接语句与世界，是亚里士多德建立逻辑系统的主要目的。

演绎推理的三段论

亚里士多德的逻辑系统，号称三段论证，因为总是有三句话：

两个前提，一个结论。最有名的例子是：

1. 所有人都是用两脚走路的。

2. 苏格拉底是人。

3. 所以，苏格拉底是用两脚走路的。

亚里士多德强调他的逻辑是演绎的，不是归纳的，目的是想说，结论必然来自前提。不过，明眼人看得出来，这根本是句废话，因为结论已经包含在第一个前提中了。亚里士多德当然知道这个道理，但对他而言，这不是问题。他想要做的事情是建立一件普遍事实与肯定这件事实的部分之间的蕴含关系。例如说，"所有人都是用两脚走路的"与"苏格拉底是人"蕴含"苏格拉底是用两脚走路的"。在这一关系中，亚里士多德隐含个体事实"存在"于普遍事实中。

这个蕴含关系的基础，其实是归纳的。直到目前为止，我见过的所有人都是用两只脚走路的，也不足以让我说"所有人都是用两脚走路的"。原因很明显，无须多说，但重点是亚里士多德想在常识的范围中建构确定的知识。要做到这一点，他就必须依赖，甚至放大归纳的功用，否则我们不又陷入苏格拉底那种无知于一切的境况吗？对于"承认无知"感到不安的亚里士多德，以经验中的规律取消无知的不安。这个并不绝对真实的基础，却为亚里士多德建构科学知识提供了相当具有说服力的证据。

科学知识的建构

三段论证的逻辑，是为了科学知识的建构做准备，其中最主要的观念，就是结论来自前提的"自明之理"。当我们在看逻辑推理时，会觉得这个自明之理是制造出来的，但是应用在实际观察自然现象，然后经由无数次的记录归纳出来的规律成为前提时，这就不尽然是制造出来的前提了，它极有可能是知识的起源。

例如说，我想问一个与科学相关的问题：为什么乌云密布的天气就是会下雨的日子？亚里士多德的解释说，"乌云密布天就是下雨天"，理由是：

1. 乌云密布就是天空中水气密集
2. 天空中水气密集就是下雨天

这里的三段论证式，经过观察天象，通过归纳，转换为科学知识的建构。虽然这个论证并不包含绝对真理，但亚里士多德认为，这就是我们所仅有的科学知识，也就是通过归纳所确定的规律。这个规律并不是绝对真实的，但在亚里士多德的三段论证的逻辑架构中，我们可以因为"天空中水气密集"这个假设，获得解释，回答我们原先想解释的问题。科学研究的对象，是这个假设的有效性，不是它的无错性。

亚里士多德认为，这就是科学知识的建构，也就是我们结合语言、思想与自然三方面所获得的解释。如果不用这个方法，我们在寻找真理的过程中，不是一直不断地发问，就是在一个完整的系统中兜圈子。前者指的是苏格拉底追求真理的方法，而后者则基本上是指所有自说自话的哲学系统。他认为，这两种方法都不如他的演绎推理来得积极。原因在于，他的推理来自现象的搜集、经验的观察与规律的归纳。我们说过，虽然观察与归纳并不能保障真理，但是来自现象与经验的知识是所有知识中最具有客观性的。

二、物理学

亚里士多德的物理学，讨论的主题是自然。在希腊文中，自然概念的拉丁化写法是 physis。这个词的意思除了让我们称这门学问为物理学之外，还有一个有关自然的特殊含义。自然，正如同前苏格拉底哲学家所说的，是一切变化的原则，而且这是一个可以解释的变化。因此，在亚里士多德的物理学当中，他要说明的重点有两项：一是变化的原因；二是变化的过程。有关变化的原因，亚里士多德提出他著名的四因说；有关变化的过程，亚里士多德引用了阿那克萨戈拉的观点，认为变化的方向就是从潜在实现本质。

四因说

在日常生活中，我们经常会问下列问题：为什么这件事会发生？这东西哪来的？这个物品怎么会在这儿？当我们问这些问题的时候，其实我们都在思考一件事发生的原因。我们在前面说过，亚里士多德认为"原因"是一个同因异义的字。因此，相对应于不同的问题，原因有不同的定义。例如，当我们问佛罗伦萨的大卫像出现的原因时，会出现如下四种定义。

质料因：我们会问，大卫像的质料是由什么构成的？答案是大理石。大理石是使得大卫像能够矗立在我们面前的原因。不过这只是部分的原因，因为仅有质料不足以让我们知道这块大理石就是大卫像。

动力因：是什么原因让一块大理石变成大卫像呢？这个变化的主要原因就是有一个雕塑者，名叫米开朗基罗，他让这块大理石在他的巧斧神工之下变成栩栩如生的大卫。然而单有一块大理石与米开朗基罗，仍然不足以全面解释这尊雕像矗立在我们面前的原因。

形式因：米开朗基罗需要在脑海中浮现出大卫像以及《圣经》的故事。如果不是因为《圣经》的描述，没有人知道这个拿着弹弓的人叫作大卫，更不会有人知道大卫长什么样子。这个雕像的形式，才是真正使得这块大理石搭配米开朗基罗的工艺结合出来的结果。即使如此，有大理石、有雕塑艺人，以及艺人脑海中的形式理念，仍然不足以解释一个最根本的问题：他为什么要做这个雕像？

目的因：这一个"为什么"的问题，是亚里士多德在解释自然发生变化的原因中最重要的部分。他认为，所有的变化都有朝向某个目的的原因。换而言之，一件事物之所以会有变化，原因正在于它朝着应当实现的目的发展。这是亚里士多德最核心的理念，因为他不但认为变化存在于所有事物当中，而且强调变化是一件事物能够成长的主要原因。最重要的是，对亚里士多德而言，所有的变化都是综合各种因素发展的有机变化，而不是像齿轮转动般的机械变化。

从潜在到实现

在自然中，质料、动力、形式与目的四种原因提供解释，说明为什么变化会发生。亚里士多德认为，许多追求解释的情况中，并不是四因俱在。例如，"为什么三角形的三个角加起来等于180度"的解释，因为涉及纯形式知识的数学问题，所以没有质料因。又例如，"为什么会发生月蚀"的解释，单纯是地球的运行挡住了月光的缘故，所以没有目的因。他认为，四种原因之中，形式因与目的因比较关键，尤其是目的因最为重要，因为在许多情况中，其他原因往往因为目的因而生。

例如，人们想要拥有栖身的处所，那么在这个目的下，会出现人的动力，就地取材，寻觅适合的质料，建造能够遮蔽风雨的房屋形式。如果想要盖的是木屋，就需要木工，利用木料，依图施工。衔接木料，要钉钉子，必须制造锤子。要制造锤子，先要有铁匠，冶炼金属块，设计成坚硬的锤子。从这个过程中，我们看得出来，所谓的有机变化，指的是整体与个体之间因为大小目的所产生的衔接关系。

无论是不是人为的，任何事物皆有其形式与目的。它们之间的差别在于，人为的事物（例如锤子），目的因人而生，但是自然的类种（例如人类），其存在的自然目的就是实现本质，对于人类而言就是理性。

亚里士多德不但强调变化是有机的，他也通过从潜在到实现的过程来描述变化的目的。这个过程并不是一个任意的过程，而是一个预先被决定的过程。决定事物变化方向的因素，就是这件事物的本质中已经包含朝向目的发展的潜在因素。这些潜在因素在适当的时机、合宜的条件以及充分的理由下，会朝向目的，实现自我。例如人的本质中包含了理性的因素，它使得人能够在面对选择的时候做出符合理性的抉择，实现成功的人生，达成幸福的追求。

因此，变化对于亚里士多德而言，就是一件事物在发展过程中从潜在的因素到实现这些因素的进程。当这个概念应用在植物与动物的身上时，就是阳光、空气、水让一个橡树籽能够成长为一棵巨大的橡树，或是一只刚出生的小狮子能够变成凶猛的万兽之王。对于人而言，这是再明显不过的人生写照，也就是一个人从呱呱坠地开始就不断地朝向实现人性而成长。在成长的过程中会面临各式各样的选择，而理性总是能够帮助我们做出最适当的选择，成就一个美满的人生。

善于综合各种学科的亚里士多德，成功地将变化的解释融入了植物、动物与人的范畴中，也为伦理学的进一步发展提供了非常重要的线索。这极有可能是历史上唯一通过系统，将物理学的说明与人性的成长结合在一起的尝试。虽然在现代科学中，把强调机械变化的物理学与强调心灵发展的伦理学结合在一起是极为罕见的做法，但我们认为，亚里士多德的哲学最伟大的地方，就在于它是一个融合一切信念与常识的完整系统。这个系统，在说明了我们对于人性期待的同时，也直接展示了常识的重要性。

三、形而上学

形而上学就其字面而言，应当称为"物理学之后"。从这个名词当中，可以看得出来，这门学问是讨论原来在物理学讨论中视之为当然的部分，也就是变化。当物理学讨论的是个别对象的存在与变化时，形而上学专门处理所有事物的存在与变化。形而上学讨论的内容中，包含了逻辑学中所隐含的存在，以及物理学中所认知的变化。但是这些讨论都更为深入，触及有关于实体与本质、形式与材质、存在与实现的问题。换而言之，形而上学所处理的是，为什么我们会认为有"存在"这个属性？

严格来说，形而上学并不是亚里士多德本人所取的名称，而是后人在编辑亚里士多德作品的时候所赋予的名称。因此在讨论形而上学时，我们要先针对这个名称做个说明。然后，我们要讨论使得事物存在的理由是什么。最后我们要检视使得一切事物存在的本质是什么。当讨论一切事物存在的问题时，等于是在探讨整个宇宙的创造与起源，而这是哲学讨论中最典型的神学问题。但在这里，我必须强调，这个神学问题是哲学讨论的结果，与宗教所谈的神学没有直接的关系。

（一）形而上学名称的由来

严格来说，我们今天所讨论的形而上学，单就其名称而言，有四种定义，都与亚里士多德认知下的基础学问相关。

第一哲学： 亚里士多德提到一种学问，专门讨论事物的起源，以及事物最高的价值。同时，他认为这门学问所处理的原则性议题以及最高的价值，是其他所有学科都必然包含的原则。他称这些原则为第一原则，而讨论第一原则的学问就被称为第一哲学。因此形而上学所处理的题目，是众学科的基础。例如，无论你所研究的学问是物理学、心理学、人类学或政治学，这些学问当中都会包含最根本的哲学问题（例如，"物是什么？""心是什么？""人是什么？""群是什么？"）。这些问题的讨论，都是该学科的基础，可以当作形而上学的讨论，因为它们都涉及亚里士多德所说的第一原则。

存在的探讨： 第一哲学的含义，不仅是各个学科的基础原则，也是所有学科共同需要的一门学问。这门学问专门讨论存在的理由与研究。从这个角度而言，形而上学也是一门学科。比较独特的地方是这门学科所研究的对象是一个抽象思维下的产物，却不是我们在日常生活中可以察觉到的现象。由这个观点来讲，我们也可以理解为什么形而上学是典型的哲学科目，因为它完全以思想为主。思想的力量让我们将所有事物当作一个普遍概念进行推理，并通过逻辑的运用探讨普遍现象的本质。

神学的应用：亚里士多德的第一哲学所处理的，不仅是普遍存在的问题，也包含了一切事物起源的问题。在逻辑学中我们说过，事物能够被描述的原因在于实体的概念，而所有有关实体的讨论必须思考更为根本的实体概念。在亚里士多德的哲学系统当中，这种渐渐深入的思维的终点，就是包含一切实体的实体概念。这个实体是一切其他实体存在的理由，因为它应用最广泛，层级最高，也是最原初的实体。在最广、最高、最初的要求下，它可以被称为神性实体。

物理学之后：亚里士多德的形而上学被称为"物理学之后的学问"。这固然是因为后人在编辑其相关著作时，这一部分的书目放在"物理学"之后而得名。然而，这个名称其实是非常恰当的，为后人沿用至今。恰当的理由有三：第一，它"超越"所有有关自然的研究，讨论最根本的问题。第二，它具有神学的色彩，在自然的秩序之外提出一个创造一切的实体。第三，作为第一哲学，它确实从自然出发，然后通过思考能力，逐步将讨论的主题提升到一切学问的基础与预设。

（二）事物的本质

在讨论实体的时候，亚里士多德所面对的第一个问题是，解释为什么实体是固定的、客观的，而且是本质的。他认为，一件事物所拥有的内容就是使得它存在的本质性要素，不会与其他事物混合，因此是固定的。每一件事物都有其本质，而这件事是客观的。亚里士多德提出这个解释的目的是用来反对辩士普罗泰戈拉那种"人是衡量万物之尺度"的相对主义观点。[①] 普罗泰戈拉拒绝承认客观内容，而坚持认为人决定了存在。

亚里士多德论证说，如果人的确是衡量一切事物存在的标准，那么普罗泰戈拉也不能够拒绝一件事物变成另外一件事物的认知中，完全转变为另外一件事物的立场。但是，从实体的意义而言，至少普罗泰戈拉还知道什么是"一件事物"，知道什么是"另一件事物"之间的改变。要知道这个改变的前提，需要的是能够知道变化前后是不同的"两件事物"。在变化的前后，无论哪一件事物，都是固定的、客观的与本质的。因此，亚里士多德等于用形式的概念否定了普罗泰戈拉的立场。

不过，在亚里士多德的哲学当中，形式的概念是不能独立存在

---

① 见本书第三讲内容。

的。对他而言，所有个别的事物都包含了形式与质料的结合。这或许是亚里士多德与柏拉图最不同的地方。在有关形式的讨论上，他比较重视个别事物，因为个别事物才是我们日常经验中能够察觉的对象。即使亚里士多德并不反对普遍概念的存在，但是在有关事物的讨论中，他所强调的还是以个别事物为主。这个想法与他认为实体是事物存在的基础息息相关。在日常观察中，我们的知识确实来自对事物观察的结果。

对于亚里士多德而言，重视个体是一个反对柏拉图思想的重要指标。柏拉图认为，只有个别的事物是可以分别的，而形式是不可分别的。亚里士多德却从常识的角度，强调"眼见为真"。每当我们看到一件事物，质料与形式的结合自然就自我呈现。这个观念给亚里士多德带来困扰，因为他没有办法清楚地说明形式如何与质料结合，但正如他在逻辑学中所强调的信念，常识的认知似乎就是存在的依据。

（三）创造的哲学

虽然我们说亚里士多德的形而上学包含了神学的成分，但这完全是从哲学的观点而言。亚里士多德不像其他希腊人膜拜奥林匹亚的神，也不像其他前苏格拉底哲学家谈论神性的本原，更与柏拉图分道扬镳，不提极高的存在。亚里士多德拒绝了以人为中心的神学观念，并认为所有神性实体都是心灵的产物。因此对于亚里士多德而言，神只是物理世界的终极原因，却不是它的创造者。

同时，因为他认为宇宙是永恒的，因而只有神可以预知未来。纵使如此，亚里士多德认为神也只是一切运动的原因，是非物质的，是本身不被推动却能够推动其他天体的第一推动者。在神所推动的天体运动中，唯一能够说明这些运动之目的的就是彼此之间的相互吸引关系。

这是一个非常"不宗教"的神学观念。神在这里具有四个层面的意义：第一，作为基本实体，神主要是形式的，而非质料的。或者说，神性实体是纯粹形式的，并因而最为根本地定义所有事物存在的目的。第二，因为神性实体是全宇宙的共同形式，所以它是不可分割的。第三，神性实体是完全实现了的，没有任何潜在的部分需要发展，因为它就是发展的原因与结果。第四，神性实体是纯粹知识性的，不牵涉感官与肉体，只能思考它。

神性实体的内容，可以在任何可观察的事物中，经由思考逐步推理出来。思想能够做到这一点，原因就是我们能在感官知觉中，通过推理，指认所有事物形式的部分。这些事物都以结合形式与质料的方式，出现于我们的感官知觉中。例如，当我看到一个人，我可以发现这个人具有人的形式与人的身体。若无形式，我们无法指认它（肉体）是一个人，而形式纯然是思想的结果。因此，虽然形式与肉体的结合导致人的存在，但思想的内容，也就是形式的部分，具有存在上的优先性。

　　形式的部分不仅在个别事物的存在上有优先性，而且所有事物都因形式而存在。当然，因为所有事物的存在原因就是神性实体，因此形式的部分也就是属于神性实体的部分。因为这个缘故，亚里士多德认为，神性实体必须存在的理由是，它在为感官知觉的内容提供存在的保证之外，也为这些事物从潜在到实现的过程提供了成长的目的。这个目的必须存在于一个完整实现的神性实体之中。

四、伦理学

　　亚里士多德的伦理学与政治哲学是他对实践哲学的论述，与理论科学有本质上的不同。我们在前文中说过，实践哲学处理的议题是有关于行动的判断。因此，伦理学最重要的内容就是，探讨一个人如何借着选择判断以及付诸行动的过程实践一个具有目的的行为。如果把这一个人的范围扩大到一群人或是一国人，那么同样的议题就是政治哲学的议题。因此，对亚里士多德而言，伦理学与政治哲学的差别是人数多寡的问题，是个人与群体的差别，而不是议题的差别。这也是为什么亚里士多德《伦理学》最后一章的内容与《政治学》第一章的内容一模一样。

　　亚里士多德的伦理学起源于讨论个人选择、审思以及行动的决策过程。作为一门学问，伦理学最关心的是针对行动作赞美或谴责。同时，伦理学也要针对人如何有善良行为做出说明。亚里士多德认为，这一点与个人的性格息息相关，所以他花了很大的篇幅讨论德性与恶性。我们在伦理学一节中主要讨论三个议题：第一个是欲望；第二个是实践智慧；第三个是幸福的概念。

欲望

不同于苏格拉底认为只要拥有知识，人不会出现意志不坚的问题的观点，亚里士多德坦承，欲望是我们做行为决定时最需要克服的部分。精通生物学研究的亚里士多德认为，人有欲望就像其他动物一般，是很正常的。但人的欲望与动物的欲望不同，主要原因在于动物所拥有的是自然本性的需求，而人拥有的却是理性可以影响的欲望。

人的欲望在理性的思考中受到德性的影响。这个影响让每个人都可以意识到，行为并不纯然展现于当下，而是具有延伸性的后果。这些后果让一个人在决定做什么样的行为时，必须审思其结果，而这就是理性的选择；亚里士多德称这些选择为决定。决定的后果是行动，行动有可能受到赞美，也有可能遭到谴责，但无论如何行动者都必须为行动负责。亚里士多德认为，在选择慎思与责任的要求下，一个人行动时必然会基于理性的原则，按照对他好的方向去做。在人的一生中，这些好的选择整体地决定了他所期待的幸福。

实践智慧

一个人就其本质而言是理性的，所以他的所有行为必然都受到理性的引导。这个受理性引导的生命，必然是好的人生，也是符合灵魂作为生命指导的目的与实现。在有关如何确保生命能够达到幸福的要求上，亚里士多德把决定权交给每一个人。但是他提供了一种普遍的德行，让每一个人在实际情况中做决定的时候有一个大致的判断。这个判断，就是他著名的中庸原则，而实践智慧是我们做出不偏执决定的主要理性。

亚里士多德认为，一个好的行为必然能够以适当的方式做选择，避免极端。他所谓的极端，就是完全耽溺于非理性的欲望，以及完全以理性压抑欲望。例如在是否舍己为人的情况中，有人会过于珍惜自己生命而置他人之危难于不顾，或者不自量力，跳入海中救人却不幸溺毙。对于亚里士多德而言，追求中庸的关键并不在于缓和情绪，而在于针对情况做出最适当的判断。

亚里士多德认为，不是每一个人天生就懂得做出适当的判断，所以需要培育实践智慧的道德教育。教育可以让人进一步发挥理性的潜能，将融合非理性欲望与实践智慧的使命，经过反复的操作，逐渐变成生活习惯中的一部分。对于重视常识的亚里士多德而言，教育让我们体会如何将非理性的欲望，例如争名夺利，与实践智慧结合在一起，成为光宗耀祖、利人利己的受赞美行为。

幸福的概念

亚里士多德认为，在伦理学中，为了实现人生目的，由实践智慧引导的谨言慎行是非常重要的。这种智慧不但显现出对于追求人生美好的谨慎态度，也表示我们需要针对每一种情况的特殊因素做出审慎的思考，并期待能够做出一个适当的决定。在这种情况下，我们必须体认，没有固定不变的规则能够帮助我们做出机械式的判断。亚里士多德认为，谨言慎行是在长期做出道德判断的过程中，不断修正错误而产生的感觉或类似道德直觉的能力。

从反复练习以做一个好人的角度而言，亚里士多德还是同意苏格拉底的想法，认为无知是意志不坚、做出错事的原因。谨言慎行除了让一个有德的人能够做出善良行为之外，也是他迈向幸福人生的基础。但很重要的一点是，谨言慎行并不是达到幸福的工具或手段，而是幸福本身的一部分。在谨言慎行下，每一个决定都是迈向幸福的一部分，而我们需要不断地做决定，使得幸福生命成为人生的终极目的。

五、政治哲学

亚里士多德的伦理学不但是实践哲学中的主要部分，也是政治哲学的开端。实践哲学不同于理论科学，两者的差别在于实践哲学以行为为主，理论科学则针对研究对象进行调查。实践哲学以人的判断为核心，理论科学则以物的内容为对象。因此，在延续实践哲学的思路当中，亚里士多德把个人的行为扩大至集体的行为，并直接以"政治学"作为讨论这种集体行为的题目。

《政治学》这本著作虽然名为政治学，其包含的内容却远超过我们今天所认知的政治，更多涉及有关社会关系的描述。在这本书中，亚里士多德讨论的范围极广，甚至包含男人女人应该多少岁结婚、多少岁生孩子、如何育养婴儿等问题。从这里我们可以看得出来，亚里士多德哲学的重点，就是通过归纳，从日常经验整理出规则，作为生活中的指导纲领。

《政治学》的内容具体而微地呈现了亚里士多德认为应当属于政治生活的观点。这些观点包括自然的有机成长、伦理判断的中庸原则、追求幸福是人的目的、经验内容是判断的基础，以及对柏拉图的批判。从这些观点来讲，我们可以说《政治学》是亚里士多德哲学的终点——指出人应当拥有的生活。纵使这个哲学中包含许多不为今日所容忍的观念，例如奴隶制度、歧视女性、区别外邦人，甚至规范生活等，但并不影响亚里士多德政治哲学所缔造的成就。

亚里士多德政治哲学谈论的对象是古希腊城邦（polis），这也是后来政治学（politics）得名的原因。但是生活在古希腊的事实，使得他的政治分析中出现两方面的特点：第一是对小国寡民的偏好；第二是以现实政治作为分析的题材。这些分析谈论了所有政治组织的可能性，让我们直到今天依然能够感到，他相当精准地说明了所有政治领域中一些不变的本质。这些不变的本质包括：国家相对于个人的优先性、各种政府的分类以及经济生活在政治领域中所扮演的角色。我们在接下来的篇幅当中，将针对这三点提出进一步的说明。

国家的优先性

亚里士多德曾说："人是政治的动物。"人只有在政治的环境中，才能够充分实现他作为一个人的要求。从这个角度而言，亚里士多德是一位社群主义者，因为他认为，人存在的目的就是在一个政治社群中实现他所追求的幸福人生。许多行为被视为善的原因，就是社群能够认同这个行为，而同样，政治社群中也能够实现人所期待的幸福，也就是让每个人生活在自足的状态之中。在原先柏拉图哲学中不易分辨的善恶问题，在亚里士多德的政治哲学中，通过社群的价值获得了答案。

《政治学》一书，起源于讨论国家的重要性。国家在发展的次序上，后于个人、夫妇、家庭、村落以及社会，但在地位上，国家却比先前任何组织都重要。原因是国家所着眼的目标，是所有组织中最高的、最普遍的，也是能够使得所有国民充分实现自我的。因为这个缘故，所有在产生时间上先于国家的组织（家庭、村落与社会），都只具有实现部分目标的可能，不能实现最终极的目标。

亚里士多德的国家至上论来自他的自然观念，认为所有的事物都有从潜在状态进一步发展成为完全实现的可能性。他称这个实现的过程为自然，代表的是事物在时间的进程中逐渐实现自我的成长。在所有的事物当中，最特殊的是人。因为人的潜能非常特殊，不以长大成人为最终的目标，而是自足地活在与众人结合的政治生命体之中。

用生命体来形容亚里士多德的政治理论是很恰当的，因为他认为个人与国家之间是处于有机关系而非机械关系之中。这两种关系之间最大的差别，在于人与人之间的结合方式。在机械关系中，人与人之间像齿轮一般，是随时可以分离的关系，但是在有机关系中，人与人之间的连结是相互依赖的关系。对于整体而言，每一个人的存在相对于他人而言都有不可取代的地位。同时，对个人而言也一样，国家是不可或缺的，因为它所扮演的角色，就是让所有的人能够连结在一起。

在有机关系下，一个人若不是国家的一部分，那他就无法实现他的人生目的。国家不但为每一个人的生活带来了幸福与稳定的发展，也因为国家是唯一能够立法的机构，使得人脱离了动物的生活，活在理性主导的法治社会中。因此，对于亚里士多德而言，国家不仅仅是一个追求经济发展与社会和谐的组织，更是让每一个人能够活得幸福的政治社群。这一社群在以法律统治人与人之间的关系之外，还包含了家庭、村落与社会。因此，国家相较于个人而言，不但拥有优先的地位，也是终极幸福的实现。

政府的分类

亚里士多德讲的政治管理就是指政府。所有的政府可以依照统

治人数的多寡（一人、少数人以及所有人）与是否重视全民的利益
两大标准分成六类。

其内容如表 5-1 所示：

表 5-1 亚里士多德的政府分类

	好的政府	坏的政府
一人统治	君主政府	暴君政府
少数统治	贵族政府	寡头政府
多数统治	政治共同体	民主政府

对于亚里士多德而言，一个政府若是好政府，就必须将施政的
着眼点放在整个社群的利益之上；若是做不到这一点，则政府是一
个坏政府。他之所以认为君主政府、贵族政府以及政治共同体是好
的，原因就在于这三种形态的政府不但顺应了全民的利益，也是因
自然而生的。反过来说，暴君政府、寡头政府以及民主政府之所以
不是好的政府，不是因为它们不自然，而是它们未能符合全民的利
益，采用极端的统治方式。很明显，在这里我们可以看得出来，亚
里士多德追求中庸的原则决定了一个政府好坏的判断。

经济生活在政治领域中所扮演的角色

经济生活在亚里士多德的政治分析中扮演了重要的角色，区分
了好政府与坏政府的差别。不过在针对三对好坏政府做分析之前，
我们必须再次强调，对于亚里士多德而言，财富并不必然就是使

得政府变坏的因素，极端地追求财富才是使得政府变成坏政府的主因。这个观念不但让我们再一次联想到中庸原则作为实践智慧的指标，也让我们体认好的政府就是一个懂得自我节制，不偏激、不极端的政府。

在这个观念下，亚里士多德首先比较的是贵族政府与寡头政府。亚里士多德认为，贵族政府是最好的政治制度，因为社会的精英拥有适当的财富，不但显现其高贵的气息，也能够避免过度的贫富差距。在这两种政府的比较中，亚里士多德特别强调执政者的经济力量。对于他而言，寡头政府就是有钱人在无视平民百姓的情况下作为统治者的结果。

其次亚里士多德对民主政治进行了分析。相较于寡头政治，民主政治正好相反，由所有无恒产者组成统治阶层，并且他们完全无视有产者的存在。对于亚里士多德而言，民主政治指的是像雅典所实施的直接民主制度。在这种制度中，任何有关行政、立法、司法的官员都由公民抽签决定，而且在执行法令的过程中，并不排除情绪的干扰，甚至有时会凌驾于法律之上。

亚里士多德刻意以极端的方式呈现偏狭政治制度的负面结果。因此在民主政治与政治共同体之间，最主要的差别就是违背中庸原则。当政治完全由全民统治，无视国内财富的差别时，政治共同体维持了一些寡头政治的因素，也就是保持了少数人的经济利益。民主政治与寡头政治都被列入坏的政府的主要理由，来自亚里士多德的伦理应用，而政治共同体则兼容并蓄地融合了这几种制度的优点。

亚里士多德最特别的分析就是有关君主政治与暴君政治之间的比较。他认为暴君以财富为主，君主追求荣誉；暴君的军队由佣兵组成，君主的军队则是由公民所组成；暴君用鼓动民意的方式集结人心，打击社会显达，君主则强调平稳的权力统治。亚里士多德指出，在一人统治的情况下，会应用政治策略，例如诉诸宗教与宽厚对待人民。但是，在亚里士多德的政治分析里，重点并不是鼓励君主讲求治术，也不认为应用政治策略谋求国家稳定的君主就一定是一个坏的君主。关键仍然是要懂得运用实践智慧，发扬中庸原则。

在对好坏两类政府的比较中，亚里士多德基于道德能力上的差别，认为君主政府比贵族政府好，而贵族政府又比政治共同体好。但是一旦政治权力受到误导，不以公利为准则，而追逐私利的情况下，好坏的认定则截然不同。在坏的政府中，暴君政府比寡头政府差，而寡头政府又不如民主政府。从这个观点中，我们可以看出亚里士多德对于民主政府所做的有条件捍卫。他说出了我们今天对于民主政府的共识，也就是虽然民主政府不是最好的政府，但是它在现实生活中，相较于其他情况，还是一种比较好的政府。

六、经验系统的建构者

亚里士多德的哲学贡献非常广泛，为后世的哲学发展提供了不同于柏拉图哲学系统的最重要选项。整体而言，亚里士多德的思想在西方哲学史中缔造了三项重要的哲学贡献：经验的搜集、方法的应用以及批判的理性。

经验的搜集是由一连串的步骤组成的，其中包括感官知觉、现象叙述以及经验观察。它最重要的功能有两项：一是肯定常识；二是面对问题。常识是我们日常生活中的依据，并不完全真实，却是我们作为人这种有限存在者所仅有的知识雏形。虽然常识并不必然为真，但它为绝大多数人提供了人生指引。没有常识，我们将不知如何面对生活；刻意否定常识，我们将陷入莫衷一是的窘境。

当然，以经验为师的亚里士多德，并不是没有遇到问题。在诸多的问题中，最大的挑战就是我们有可能被经验的表象所蒙蔽，以至于做出真假不清的判断。对于亚里士多德而言，这是我们必须面对的问题，因为这个问题太明显。然而，我们不能获得真理的事实，就是怀疑、否定，甚至嘲弄追求知识的人的理由吗？不，基于求知的欲望，我们不但应该肯定他们，更要从感同身受的角度，以同样满怀求知欲望的态度面对这个问题，并想方设法解决它。亚里士多德就是面对求知问题的代表人物。

方法的运用主要包括：通过归纳的方法，说明所有经验中共通的本质；通过演绎的方法，推理出经验中的规律；运用系统的分类，建构科学知识的内容。延续经验的搜集，亚里士多德虽指出求知的限制，却也具体地呈现求知的途径。知道归纳法有错误并不稀奇，而明知它有出错的可能却依然运用它，才是了不起的。我们必须说，亚里士多德不怕出错，甚至在可错的基础上建立了逻辑系统，运用演绎法推论出科学知识应有的形式。

有人会大发议论说，亚里士多德建构的科学知识没有价值，因为都是错误。这固然对，不过颇有"事后诸葛亮"的意味。我不借今讽古，只问一个问题：亚里士多德建构知识的基础是什么？答案就是常识与归纳法。它们不是什么知识基础，而是我们活在世上的本能。谁不知道常识与归纳都有可能出错，问题是谁有办法脱离这个世界然后看到地球绕着太阳转呢？

虽然亚里士多德也不能看到地球自转，但他用系统提供了一个完整的架构，把所有常识与经验被应用的可能性推到极致。这个极致的系统，虽然一度在西方被视为教条，但我们不应该指责发明系统的人，怪只怪膜拜系统的人。到 17 世纪，科学大革命开始时，当大家发现这个系统阻碍我们看到宇宙的真貌时，深刻地认识到只有用科学革命才足以形容这个"取代系统"的过程。我们必须说，纵使亚里士多德没有料想到这个结果，但他建构知识系统的努力，却为现代科学的发展扮演了"牺牲品"的角色。

最后是在批判的理性上，亚里士多德从经验论的角度批判了柏拉图那种经由光照而体悟的知识论。最重要的是，亚里士多德强调形式与质料的结合，重新肯定了我们这个由常识所主导的现实世界。我们不说柏拉图与亚里士多德两人谁高谁低，但他们之间的不同是毋庸置疑的。这个不同有三层不同的意义，为后代哲学带来无穷的启示。首先是知识上的启示，其次是形而上的启示，最后是伦理的启示。

知识上，我们不得不问，在知识不可得的情况下，我们应该像柏拉图一样，假设有一个理型的世界照亮了这个生活世界呢？还是像亚里士多德一样，确认经验是建构知识的基础，而没有其他的可能呢？这是两种知识态度，分别代表理性主义与经验主义。重点是，在柏拉图强大的系统下，亚里士多德依然能够从迥然不同的方向探究知识的本原，建构系统，为后世提供了知识发展的选项。

就形而上意义而言，在所有哲学家热衷探讨的"世界本质是什么"这个问题上，柏拉图与亚里士多德之间出现了"绝对性"与"适当性"的区别。当柏拉图肯定通过思维的能力建构绝对真实的理念世界时，亚里士多德强调，我们只能够通过日常以经验为主的世界建构生活中的知识。当柏拉图致力于追求绝对真实的同时，亚里士多德认为知识必须以生活中的一切为限。因此，我们肯定柏拉图是一位超越现实世界的哲学家，而亚里士多德是一位兼顾天文、地理与人伦的科学家。

伦理意义是柏拉图与亚里士多德之间最重要的区别。柏拉图一贯强调所有政治的目的都因道德理想而存在；亚里士多德正好相反，认为所有的道德原则都必须以政治制度为投射的目标。亚里士多德的中庸原则，不但告诉我们任何极端的做法都违背了德行的本意，甚至还强调人与人的相处是结合伦理与政治的必要条件。在这个条件中，我们可以感觉得到，纵使亚里士多德的哲学系统并不能建构出现代科学，但是他关于人伦的见解却是历久弥新的。

　　对于从批判理性角度解释希腊哲学的我们而言，亚里士多德批判柏拉图的哲学系统为后人树立了典范。这个典范令人激赏的地方是系统与系统之间的对比，使得后人面对这两个系统时往往必须选择其中一种或是综合两种系统。这是西方哲学史上有名的难题，不过对于我这样一个教书人而言，这并不是最大的挑战。真正的挑战是他们两人的师生关系，暗示我们所有教书的人随时做好被学生超越的准备。

第 六 讲

希腊哲学在西方的特性与意义

摘　要

亚历山大大帝建立的大帝国，让希腊文化与文字传播至外地，终结了原有以城邦为主的政治局面。在这个转变中，希腊哲学长期与其他文化竞争，最终因为批判理性的实践，取得最受尊崇的地位。在本讲中，我们细数希腊哲学的贡献，认为它之所以成为西方哲学的鼻祖，原因正是批判理性的普世性。希腊哲学在科学与宗教上的成果不仅为当代科技文明奠定了一定基础，也曾为基督教教义提供过关键的理念。希腊哲学重视对话与辩论的传统，竖立标竿，使语言成为批判理性的工具，并提供厘清思想最有力的利器。最后，希腊哲学家塑造楷模，经常屈身非主流地位，却无惧于发挥批判的思维。这些贡献，不但是当代哲学家的榜样，应该也使所有人受启发。

亚里士多德是属于希腊文化的外邦人，他的父亲是马其顿国王的御医。后来，马其顿的国王亚历山大大帝征战于欧亚非三大洲。历史上流传三个故事，大致可以说明亚里士多德与亚历山大之间的不同，也指引出希腊文明在此二人之后的发展方向。首先，担任家庭教师的亚里士多德曾经在教育亚历山大的经历中，不断强调希腊文化与外邦文化的高低差别。很遗憾，亚历山大似乎对于文化多元主义更为倾心，处心积虑地想要建立一个包含多种文化的大帝国。其次，亚历山大不理会亚里士多德维持希腊高贵血统的建议，让征服波斯的希腊军人大批地与当地女子通婚。最后，亚历山大反对亚里士多德的理性传统，不但迷上了神圣君主观念，甚至以为自己就是神的化身。这三点对后来的哲学发展有了利弊参半的影响，决定了未来世界的走向。

许多人认为，伴随着亚里士多德哲学的没落，希腊哲学一度陷入停滞。但其实不然，因为更重要的议题却正开始出现。哲学风气减弱是事实，但原因很多，大致与政治及社会因素相关。原先以城邦政治著称的希腊世界，在亚历山大大帝从马其顿出征，一路所向披靡下，建立了横跨欧洲、亚洲与非洲的大帝国。帝国彻底改变了希腊城邦原有的精神，不但终结了小国寡民的自我肯定，还趁势吸收了东方的文化。尤其是相对于原希腊城邦自诩的民主与理性，亚历山大大帝出乎意料地迷上了专制与宗教。

毫无疑问，伴随着文化领域的扩张、多种文明的碰撞，以及人民的交流与融合，使得亚里士多德之后的希腊哲学面临存在的挑战。在接下来的时期，东方思维传入希腊地区，融合原有的思想，成为更具普遍性的哲学。从这个融合的角度而言，我们可以发现，哲学就是消化差异的思维力量，在争辩与批判中，不断向真理迈进，即使这个迈进的过程时有曲折。但这正说明哲学的发展中包含各种因素的折冲与整合。

整体而言，古希腊哲学在一个思想澎湃、观点多元、文明发达且充满想象的社会环境中，聚集各式各样的文化特色，让来自不同地区的人相互辩论、各陈己见、坚持真理、发挥才华。结果就是通过深刻的思考，说出道理，不断地挑战他人，以及被他人挑战。在横跨欧洲、亚洲以及非洲的大帝国中，希腊文化不但扩展至其他地区，也顺势吸收了这些地区的当地文化。在这个融合的过程，形成哲学史上的"希腊化时期"，主要代表有斯多葛学派与伊比鸠鲁学派。

紧跟着的罗马帝国，一方面继承了希腊化时期的斯多葛学派思想，另一方面进一步将前人的智慧消化在帝国所新颁布的国教基督教神学之中，形成了中世纪哲学的主轴。中世纪哲学发展固然在基督教教条化的影响下为欧洲文明带来了所谓的"黑暗时代"，但这个"黑暗"到底有多"黑"有多"暗"，其实仍有争议。不过，从我们的观点而言，这里所谓的"黑暗"，其实就是批判理性的停滞。

但是，停滞并不表示批判理性停止运作。零零星星的批判依然不断地增添中世纪哲学的内容，坚持着哲学发展应有的方向。或许我们也可以这么说，中世纪哲学的"裹足不前"，正好为欧洲文明在现代哲学发端时提供了开创"启蒙时代"的能量，铺下进一步发扬批判理性的康庄大道。直到今天，人们依然在这条道路上持续行进，跨越现代哲学，朝向"后现代哲学"前进。

西方哲学的不同学派能够如此殊途同归地走在发掘真理的大道上，主要就是因为批判理性的发扬。批判理性使得西方哲学史一方面因为不同的观点呈现出不同的阶段，另一方面也能够在批判前人的思想中持续追求创新的突破。同时，这些存在于前后时期之间的差异，让我们感到西方哲学是一门异中求同的学问。所有的哲学家，都会运用人原有的想象空间，在为前人的思想作系统化整理的同时，还能将这些思想放在批判的框架之中。

希腊哲学缔造出的成果远超过狭隘的哲学思考，进而发展成为人类文明的主轴。这些成就不但为人类文明指出方向，还让我们体会到，只要是真实的理念，就可以成为普世价值，纵使这些理念最先来自东地中海的沿岸与岛屿。理念普世化的过程是希腊哲学对人类文明最重要的贡献，因为这个过程向我们宣示，只要是真的，在哪儿都是真的。

一、西方哲学的鼻祖

我们今天回头看古希腊时代，对于那个时代在文明上所缔造的成就，感到无比惊讶。文学、艺术、建筑、雕塑、剧本、数学、科学以及哲学，都是那个时代的文明遗产，而且一切涉及典章制度、货币发行、社会结构的制定，也为现代世界提供了思考的方向。没有人能够解释，为什么在两千多年前古希腊人留下如此辉煌的记录，但我们可以说，相对而言，古希腊哲学在这些记录中扮演了非常特殊的角色。

我们这么说的理由，主要是因为哲学一方面以动态的方式反思社会价值，另一方面以批判理性的模式追求真实。在古希腊哲学的发展中，所有哲学家缔造的成就，不但像灯塔般照亮了未来哲学发展的道路，甚至已经成为今日哲学的核心。当然，我们这么说，并不是盲目地推崇古希腊哲学，而是因为它在动态的批判理性下让后来所有的哲学家找到了探讨哲学的方法与价值。

从前苏格拉底哲学家开始，古希腊哲学家们以相互批判的方式，发展出了不同的哲学风格。更有趣的是在每一种风格当中，又因为不同论证的缘故出现不同的学派，但却共同享有基本的观点。例如说，在"前苏格拉底哲学家"这个学派中，所有哲学家均致力于提出形成自然的基本元素，并因此而自成一派，史称"自然哲学派"。但是，这些自然哲学家们却因为不同观点形成差异颇大的各式学派。

这些各式各样的哲学学派、风格、观点所形成的差异，再次说明了批判理性的功用。如果不是因为批判理性的发扬，就不会拒绝前人的思想，也自然不会出现后人思想上的突破。突破前人思想是很重要的，因为如果做不到这一点，那么前后人思想一致，思想的发展就完全没有变化。时间久了，其结果有可能成为固定的思想模式，甚至出现教条化。古希腊哲学压根儿就没出现过教条化的问题，原因有很多，政治上的自由固然是原因之一，更重要的还是哲学家基本上会以否定前人思想作为个人努力的方向。我们可以这么说，对古希腊哲学家而言，发扬批判理性，既是一件应该做的事，也是一件事实。

这件事实使得古希腊哲学呈现非常多元的面貌。虽然古希腊哲学是后来各种哲学的起源，古希腊语也是所有哲学家表达不同观点的共同工具，但在发展哲学思想中，古希腊哲学家会主动地吸收、消化以及吸纳不同的观点，以充实哲学的内容。例如埃及的数学、波斯的历法、外邦人的文化等，都曾为古希腊人所用，作为增加创意的元素。这种多元化的包容精神，使得古希腊哲学一开始就显得非常"国际化",让不同的理念得以相互融合。

另外,依山傍海的希腊地形不但促进了古希腊各个城邦的航海贸易,商人也在航海中因所见所闻激发出各式各样的想象力。传统希腊神话为古希腊哲学提供了想象的素材,多元文化的接触也让属于不同生活习惯的人见识到彼此无法想象的生活形态。我们可以理解,对于肯定自己文化优越性的大多数古希腊哲学家而言,他们通常会以鄙视的态度看待别人的文化。但是,对于其他文化中心主义不是那么强烈的哲学家而言,不同文化交流的场合正好就是发扬多元主义的最佳时机。这种介于文化中心论与多元文化论之间的争议,不但引发了理性主义与相对主义之间的讨论,也促成了西方哲学直到今天依然存在的一元与多元之间的辩论。

无论古希腊哲学内部呈现多么不同的学派,它们彼此之间依然延续着理性化的过程,走在推陈出新的道路上。这条哲学道路最奇特的地方在于,它原先只是某一地区(从地中海东岸到西西里岛)人的思想,却能够扩大影响范围,从南欧逐渐北上,经由欧洲传到美洲,最终以西方哲学的名称矗立全球。打开地图,我们会觉得,其实希腊的位置更接近亚洲,但为什么我们会认为希腊哲学是西方哲学的鼻祖呢?原因正是批判理性。批判理性具有普遍性,让所有接触到它的人,不但能够理解它的用处,也会自然而然地肯定它所包含的普世价值。

二、介于科学与宗教之间的折冲

古希腊哲学起源于理性化的觉醒。这句话有两个层面的含义。首先，这句话表示了哲学的起源；哲学家不再满足于用神话解释自然的传统。其次，理性化的过程，就是以经验的内容为基础，然后再加上推理、思考甚至想象，探讨存在的本原。这两者的结合，告诉我们哲学的方向就是一切以经验为本，但不以个人经验为限。这是什么意思呢？

我们常说："人非圣贤，孰能无过。"这句话，归纳了个人的经验，成为一句普遍的描述，说所有人都必然会犯错。问题是，在日常生活中，我们每个人只拥有个别的经验，不会有普遍的经验，那么经验的普遍描述打哪儿来呢？它来自前人的经验，然后人们发挥了思想中的归纳力量，就说出了这么一句普遍的话。

让我先描述一个情况。比如说我认得张三、李四、王五、赵六，他们都是好人，善良得不得了，几乎与圣贤一般。但深交后，发觉他们都不免犯些小错误。那么纵使我接触的只有张、李、王、赵四人，但在思想上我会认为其他人也都差不多，也就顺势认为，无论多好的人终不免也会犯错。于是当类似情况发生时，某个好人犯错，我会跟着说："人非圣贤，孰能无过。"

这句话应用了归纳的方法，意思就是将个例集结成普遍的叙述，而我的"顺势而为"等于再次证实了这句归纳的叙述。归纳法是最普遍的思想方式，连动物在熟悉环境后都会应用它，所以人会应用并没有什么稀奇。稀奇的是这个方法有一项功能，让我们能够超越个人经验说出隐含在经验中的规律性。这是一项不得了的功能，因为它让我们说出没有感觉到的内容，甚至能够预测尚未发生的经验。

为什么我们能够预测未来呢？因为归纳法让我们能够依照过去的经验推断以后会发生的经验。这正是前苏格拉底哲学家所做的事情。当他们问什么是自然的本原时，他们事实上问的是在我们每天都看得到的各式变化中有没有什么是不变的呢？当米利都学派的三位哲学家说这不变的本原是水、是无限、是气时，他们不但应用了归纳法，还把一切能够归纳的可能集结起来，直指自然的本原是什么。如果这个本质是"物"，那么这就是科学式的探讨；如果这个本质是"灵"，那么这就是宗教的探讨。从古希腊哲学的内容中，我们可以发现"物"与"灵"的讨论都很多。所以古希腊哲学的第二项贡献，就是同时开启了有关科学与宗教的讨论。

从这一段应用归纳法的描述中，我们可以很清楚地看出来，有两种力量从一开始就决定了哲学发展的方向。第一种力量是我们日常都能观察到的经验。经验构成了事实的基础，也让我们从接触事实中感受到自然的真实内容。第二种力量是以系统的方式假设自然的整体。前者给我们的感觉是真实，但却是部分的；后者给我们的感觉是假设，但却是整体的。很明显，这种以经验事实为基础的思考方向，逐步演变成为科学发展的基础。同时，这种整体式的假设系统，成了我们探讨世界是什么的方向。

这个介于部分与整体之间的差别，不但是思想自我提升的写照，也是一切知识建构的来源。有趣的是，这两者之间，前者是真实的感觉，后者是假设的推理。这两部分，一方面提供了检验的依据，另一方面提供了想象的空间。对于一个理论而言，如果我们强调的是检验，那么必须以经验的真实为本；如果强调的是想象，那么经验也能提出假设。在此，我们可以看得出来，为什么古希腊哲学为科学与宗教之间的折冲提供了思想的空间。

原则上，科学就是以经验证实假设的理论，而假设的理论又需要先被相信才会有证实的必要。因此，信念在这里就扮演至为关键的角色，却也让科学与宗教之间的界限变得渐趋模糊。为什么？因为当科学以经验证实假设时，宗教恰巧是以理论假设涵摄经验。举例来说，如果某人相信"善有善报，恶有恶报"，那么他必然会因为自己的幸运而感到"因果福报"，也会因为不幸怀疑自己曾经"作孽多端"。

这个例子说明，相信一个宗教理论会使得生命中所经历的事实变成有因果关系的经验。不论这个经验对于生活有多么重要，关键还是相信与否。最有趣的是在信与不信之间出现截然不同的看法，甚至活在不同的世界之中。不要以为类似的情况只会发生在宗教理论中，其实就科学理论而言，信念也是很重要的，一样会决定经验的内容。

在希腊哲学的影响下，亚里士多德的理论曾经主宰西方世界长达两千年之久，让人们相信地球是宇宙中心。这个理论的影响之深，导致在科学革命的过程中，欧洲许多著名的科学家，都在缺乏证据的情况下对于哥白尼所提出的太阳中心论无法置信。想要打破古典理论限制的企图，不但引发了理论之间的竞争，还拖了好几百年后才让人相信原来地球是绕着太阳转动。从这些例子中，我们可以看得出来，古希腊哲学那大胆提出假设理论的传统，正好为科学与宗教奠定了同步发展的基础。纵使前苏格拉底哲学家的科学精神强一些，但在柏拉图的哲学系统中，我们又不由自主地体会到万物起源自理型的宗教感觉。

整体而言，古希腊哲学在这里所显现的特色，就是一方面不断地从经验的角度陈述事实，另一方面却总是需要依赖类似宗教的观点，让这些事实结合在一个共同的系统之中。这也说明为什么古希腊哲学一方面能够去除神话所描述的超自然现象，而在另外一方面却又不得不依附一些超越经验的假设。古希腊哲学之所以能够维持理论取代理论的传统，原因正在于理论的建构不但需要经验事实，更需要假设信念。经验事实与假设信念的结合，不但为古希腊哲学的发展铺下道路，也让我们在哲学发展的初期就能够充分了解理性的开创性与限制性。

三、基督教哲学的前趋

伴随着古希腊哲学的式微，科学与宗教的对比也日趋明显。在接下来的两千年间，西方文明最重要的特色之一，就是基督教的传播。我们甚至可以说，西方文明的核心一度就是基督教教义传播的过程。这个过程当中，包含了两点很重要的因素。第一点是基督教的教义，第二点是支持基督教教义的哲学思考。两者虽然是相辅相成的关系，但是前者属于信仰，后者却是哲学。

基督教的教义并不复杂，主要就是：创造一切的神爱世上所有的人，甚至将它的独生儿子赐给我们，为我们而死，洗涤我们的原罪，还让信仰它的人无惧死亡，反得永生。虽然基督教教义并不复杂，但困难在于，如何感觉这个信仰是真实的？解决这个问题的关键就是基督教哲学。

基督教哲学的目的就是要论证基督教的教义。因此，它不同于信仰，必须仰赖理性的思辨。基督教哲学借鉴古希腊哲学的成果，为基督教教义论证的同时也从理性的角度证明上帝的存在，并且通过批判，将迷信的成分排除在哲学的范围之外。这不是一件容易的工作，但基督教哲学怎么做到的呢？答案就是将古希腊哲学中类似宗教的理念进一步延伸发挥。

古希腊哲学之所以能够做基督教哲学的先驱，主要就在于理性化思维一直不断地经由批判朝向普遍性发展，并融合各家之言。例如，柏拉图的理想主义或是亚里士多德的经验主义，都在提供完整系统之余，让后人感觉到完整系统足以解释经验中所有内容的同时，还可以通过想象，假设这个经验系统的背后还有一个创造它的超越主体。虽然我们不能知道它是谁，但是在基督教的背景中，"它是谁"根本不是问题，重点是如何将柏拉图与亚里士多德的哲学系统搭配基督教教义，让人们感到神存在、爱我们以及创造了这个世界。

对于柏拉图与亚里士多德这种非基督徒而言，我们在这里所讲的超越主体，不必然就是基督教所谈的神。但是，所有人都看得出来，古希腊哲学所发展出的系统，为追求超越经验的可能性留下进一步发展的可能。这种可能性的意义是多方面的，包括自然、偶然与必然三方面。

首先，就自然而言，我们每天看着大自然中的一切变化，觉得奇妙的同时，也不免会想，它们从哪儿来的？为什么会有规律（春夏秋冬）？为什么有秩序（气温适中）？为什么有物资（农牧鱼矿）？这些难道都是天生的？就算是，那么"天"是什么？想要回答这个问题，我们就必然进入宗教的层次。

其次，即使这个有关自然起源的议题涉及宗教层次，但这还是在哲学观点下所谈的议题，并不追求宗教的解答。哲学家在回答宗教层次的问题时，依然延续理性化的步调，追求合乎理性的答案。至于理性化的过程中讨论什么议题，得到什么答案，则是一个因人而异的偶然结果。

最后，我们必须说，哲学那种止于至善、不断追求自我向上提升的理性风格，纵使不以宗教发展为主轴，最终必然会触碰到与宗教相关的内容。这一件必然的事实，说明为什么即使处处强调理性的哲学思考，也必然会在探讨各种题目的终点面对理性的边缘。古希腊哲学充分地体现了这种超越理性的企图，不但带出与宗教相关的议题，也说明为什么它后来为基督教所用，作为支持信仰的辅助。

四、语言作为哲学分析的核心

古希腊语言是当代欧洲语言的史祖之一。作为语言史祖，古希腊文为后代提供了所有创意与思考所需要的字词与语言结构。古希腊文拥有丰富的字词，它们历经演化，为当代各种概念提供了思考的素材。这些概念通过古希腊文字的丰富内容，具备进一步抽象发展的可能性，成为深化思考的基本元素。

古希腊文在语言上发挥的功能还不仅是静态地提供了丰富的字词，更重要的是它的语言中所包含的命题形式。命题包含三个主要的元素：主词、述词与系词。首先是主词，可以是任何字或概念；其次是述词，用来叙述这个主词性质的字、句或形容词；最后是联系前两个元素的系词，也就是我们一般指涉是不是、在不在、有没有的动词。

当我们用这三个元素来形容一个命题时，感觉像是一个简单的语法规则，并没有什么特殊之处。但是，如果我们把它们三者之间的运作放在思想的脉络中，则一个命题在面对其所指涉的事物存在或不存在时，就很不一样了。最大的不同就是命题可以决定什么东西存在或是不存在。为什么？因为当命题通过系词连接主词与述词时，它们之间的连结关系在思想中会反映到真实世界里，成为我们判断这个连结关系是否存在的依据。

比如说，一个命题"柏拉图是苏格拉底的学生"，这么一句简单的话，包含了极为复杂的形而上学概念。谁是柏拉图、谁是苏格拉底、什么是学生，这是概念上的问题。就算我们确定了这些名字所代表的人，我们还需要思想的进一步运作，才能够知道这句话所指的内容是否存在。如果存在，那就为真；如果不存在，那就是假。这是命题与世界之间的初步关系，也就是经由证实，确立这个命题为真的检验。

我们在这里不打算深入地讨论语言哲学的含义，但我们必须知道命题的功能。命题的断言，可以不受日常经验的限制，将想象的内容以"确定的方式"表达出来。如果我们谈论的是想象中的存在，例如"神就是比无限大还大"的概念，那我们谈的是存在学的断言；如果我们说"正义就是切蛋糕的那个人最后一个拿蛋糕"，那么我们谈的是偏向伦理学的断言；如果我们说"真实是知识的基础"，那么这句命题是有关知识论的断言。

无论如何，希腊文的命题形式让我们能够通过语言与外在世界之间的关系，不断地将经验的感觉转换成为概念的同时，还能够进一步通过命题，论述这些概念所包含的内容。我们可以想象，这种深化语言与思想的关系，在反复对话、辩论、论证与拒绝的持续发展中，累积出一套极为复杂与丰富的语言，为西方哲学的发展铺下一条康庄大道。

希腊哲学所开创的这种"言必及物"的哲学传统，对我们这种经常强调"多言无益"的传统而言，具有深刻的意义。希腊哲学认为，思想由语言组成，因此思想中的混淆可以经由语言的辩论加以厘清。乍看之下，这固然言之成理，不过思想到底有没有被完全厘清的可能则是另外一个问题。根据苏格拉底的说法，是没有的。一来一往的对话与辩论只是思想的交换，只是获得真理的过程，不会因此而获得真理。

没有人能保证，对话或辩论的结果必然就是思想的厘清。事实上，经常发生的情况是"越辩越模糊"，导致"多言无益"甚至"言多必失"。历史传统与文化因素让"言必及物"与"多言无益"发展出西方与东方非常不同的哲学风格。它们两者之间最重要的区别，就是西方哲学中所讲求的"滔滔不绝"与中国哲学中受推崇的"宁静致远"。

我们不针对不同风格之间的好坏作判断，只想以语言在哲学思考中所展现的功能，说明东西方哲学在风格上的差别。不过，基于发扬批判理性的原则，我们肯定通过对话与辩论获得扩充思想的机会。无论是想象中的世界，还是生活中的世界，语言总是有可能在发扬想象性的脉络中不断地肯定与否定各种命题化的经验内容。当然，这个肯定与否定的过程构成了运用批判理性的主轴，也是我们经由论证确保没有偏离真理的基础。

五、非主流学派的崛起

古希腊哲学还有一项贡献，比较不容易为人们发觉，就是"唱反调"的精神。一般人会认为，"唱反调"的人有些扫兴，不合群，凸显自我。可是对于发扬批判理性的人来说，只要讲得出道理，"唱反调"不但不扫兴，还是促进进步的动力。其实维持知识增长的功能或许还是其次，真正重要的是对权威的挑战，尤其是那种因权力而生的权威，及其所提倡的主流价值。

每一个时代，每一个地区，都会发展出不同的主流价值，形成社会规范的核心。加上政治权力的推波助澜，社会规范往往引导大多数人的思维，不但决定了生活中应有的规则，也相当程度地限制人自由发展的范围。哲学家面对这些限制时，渴望自由的意志油然而生，总是会想突破这些范围，因此也造成哲学家倾向批判社会主流价值的传统。

这固然说明为什么哲学思考总是充满批判性，不过从事实来看，几乎所有古希腊哲学的主要派别都是当时的非主流学派。当前苏格拉底哲学家在发展自然哲学的时候，哲学家经常都是旁人嘲笑的对象。哲学起源于泰勒斯，但他经常受大家蔑视，说他在观察天象时，竟然浑然忘我，掉入坑洞中。在前苏格拉底哲学家发达的时候，希腊的社会主流是商业文化与贸易往来，哲学只是其下的产物，从来就不是民众趋之若鹜的学科。

在其哲学始终居于非主流地位的哲学家当中，最有名的人首推苏格拉底。古雅典社会中，民众热衷学习的是诡辩术，但同样以善于言辞、雄辩滔滔著称的苏格拉底，却被当成一位不懂得赚钱的诡辩学家。对苏格拉底而言，这个称谓明显是一种羞辱。在柏拉图的《对话录》中，我们经常可以看到苏格拉底不齿于做一位诡辩学者，因为他教授哲学绝不收学费，完全以伦理关怀为主，甚至逢人就问要如何活出人应该活的生命？我们可以想象，对于享受富裕生活的古雅典人而言，这是一个多么无聊而且扰人的问题。

不要因为我们今天经常以大哲学家的称谓提到柏拉图与亚里士多德，就觉得他们的哲学在古希腊社会中具有主流地位。柏拉图一生最大的遗憾，莫过于真理不彰，居然让古雅典的民主程序判了他挚爱的老师苏格拉底死刑。柏拉图因此穷毕生之力，提倡追求知识，让口若悬河的政治人物把他们热衷的修辞学藏在背后，一起坦然面对理性所推崇的真理。

柏拉图热爱数学的理由就在于此。他认为数学推理不但代表严谨的理性论证，根本就是完美世界在我们人类脑海中留下来的记号。因此他不但企图论证真理的价值，还用同样推理的方式处理善恶与美丑的问题。柏拉图希望能够使所有的争议，包括政治上的不公不义，一并在理性的基础上得到永恒的解决。这当然不见容于讲求谋略与治术的政治人物。

一生推崇希腊城邦的亚里士多德，以外邦人的身份，在柏拉图所办的学院中学习了20年之久。在这20年当中，他的身份是外国人。他不但没有获得公民的身份，就在柏拉图的学院中，亚里士多德也没有被当成自己人。这个处境让亚里士多德最后不得不离开待了20年之久的雅典。

相对于他们所处社会的主流价值，这些重要的哲学家都处于非主流的地位。但是这个地位告诉了我们什么呢？我觉得它告诉我们，哲学家在发扬批判性的同时，无论基于主动或被动的理由，多会选择非主流的立场，并以此作为批判他人思想的基础。这个现象从古希腊哲学开始，不但是哲学的核心价值，也是哲学活动中很有意义的一部分。没有这一部分，批判性就不会得到发扬的可能，也就不必谈论其他理性化的过程。

最后，我们必须再次强调，希腊哲学是人类历史中最丰富的一段文明，不但代表了西方哲学的起源，也是推动世界文明的巨手。虽然孕育希腊哲学的社会早已消逝，但思想的启蒙于今依然像星星一般，高挂天空，指引方向。如果一定要指出希腊哲学最关键的启示，那么我认为，答案必然是它那朝向普遍性发展的特色。以希腊哲学在民主、科学与宗教中所做的贡献，足以证明人类的理性与思考确实是超越宗教、种族与传统的。

图书在版编目（CIP）数据

苑举正哲学六讲 / 苑举正著. —— 北京：中国人民大学出版社，2022.4

ISBN 978-7-300-28486-6

Ⅰ. ①求… Ⅱ. ①苑… Ⅲ. ①哲学－通俗读物 Ⅳ.

① B-49

中国版本图书馆 CIP 数据核字（2020）第 161448 号

苑举正哲学六讲

苑举正　著

Yuan Juzheng Zhexue Liu Jiang

出版发行	中国人民大学出版社	
社　　址	北京中关村大街 31 号	**邮政编码**　100080
电　　话	010 - 62511242（总编室）	010 - 62511770（质管部）
	010 - 82501766（邮购部）	010 - 62514148（门市部）
	010 - 62515195（发行公司）	010 - 62515275（盗版举报）
网　　址	http://www.crup.com.cn	
经　　销	新华书店	
印　　刷	北京联兴盛业印刷股份有限公司	
规　　格	148 mm×210 mm　32 开本	**版　次**　2022 年 4 月第 1 版
印　　张	7.5 插页 2	**印　次**　2022 年 4 月第 1 次印刷
字　　数	135 000	**定　价**　59.00 元